KB167038

우주 개발의 숨은 이야기

차례

Contents

무기와 발사체에서 좌절된 꿈, 스페이스 건

우주 개발 초기에는 많은 로켓과학자들이 SF 소설로부터 영감을 얻었다. 그 중 대표적인 SF 작가가 바로 쥘 베른이다. 그의 소설 중 1865년에 발표한 『지구에서 달로』는 우주 개발의 선구자들에게 우주를 향한 꿈을 꾸도록 만든 기념비적 작품이다.

대포로 우주비행을 꿈꾼 쥘 베른

쥘 베른은 이 책에서 우주비행을 위한 우주발사체로 스페이스 건(Space Gun), 즉 거대한 우주발사용 대포를 제안하였다. 19세기 당시 로켓은 폭죽에 지나지 않는 정도의 수준이었다.

그래서 그는 독자들을 설득하기에 보다 적합한 우주비행의 도구로 대포를 선택한 것이다. 몇 가지 단점에도 불구하고, 대포는 1942년 독일의 로켓 V-2가 성공적으로 비행하기 전까지 인공 물체를 가장 높이, 또 가장 멀리 보낼 수 있는 발사체였다.

쥘 베른의 우주비행법을 처음으로 비교적 진지하게 연구한 것은 1926년 독일의 우주여행협회(VfR)였다. 이 협회의 회원이자 로켓 개발의 선구자인 막스 바리어와 헤르만 오베르트는 쥘 베른의 기술적인 실수를 수정하여 달까지 비행 가능한 대포를 재디자인했다. 이렇게 하여 설계된 진정한 스페이스 건의 길이는 무려 900m나 되었는데, 대기와의 마찰을 최소화하기 위해 적어도 고도 4,900m의 고산에 발사장을 설치해야 했다. 하지만 이들의 스페이스 건은 실제로 제작되지 못했다. 실제로 제작된 스페이스 건에 가까운 최초의 대포는 독일의 '파리 건(Paris Gun)'이다. 제1차세계대전중에 사용된 이 대포는 포신의 길이가 34m이며 포탄이 고도 40km까지 도달하였다. 제2차세계대전 때에는 140m짜리 슈퍼 건, V-3가 제작되지만 실전에 쓰이기 전에 연합군에 의해 해체되고 말았다.

스페이스 건, 무기인가 발사체인가

두 차례의 세계대전을 통해 급속히 발전한 대포와 로켓 기술 중 결국 로켓만이 우주발사체로 선택되어 오늘날까지 발전을 거듭해왔다. 메이저리그에서 밀려난 대포는 다만 한 천재 과학자에 의해 마이너리그에서 우주여행의 꿈을 키워왔을 뿐이다. 그 과학자가 바로 캐나다의 제랄드 불(Gerald Bull) 박사이다.

불 박사는 캐나다와 미국 해군을 통해 예산과 장비를 마련, 대포를 사용해 과학적 혹은 군사적 목적의 화물을 준궤도 또는 궤도에 진입시키는 연구 프로젝트인 HARP(High Altitude Research Project)를 1960년대에 진행하였다. 그는 캐나다의 바르바도스 섬에 구경 16인치 군함용 대포를 비롯한 다양한 대포를 설치했다. 1962년에서 1967년까지 그는 이곳에서 모두 570개의 탄두를 발사했고, 우주공간인 고도 180km까지 도달하는 기록을 세웠다. 이 과정에서 발사시 생기는 1만 G나 되는 무시무시한 중력가속도를 견디며 작동하는 전자장비와 센스, 전원장비 등이 개발되었다. 탄두를 만족할 만한 고도에까지 발사한 불 박사는 고체추진제나 액체추진제를 사용하는 로켓을 내장한 지

제랄드 불에 의해 고고도 연구용으로 개발된 대포.

구 궤도진입용 탄두인 Martlet 2G-1을 개발하기 시작했다.

그러나 2kg의 나노급 인공위성을 지구 저궤도에 진입시킬 수 있는 이 탄두의 개발과 시험은 1967년 HARP의 중단으로 좌절되고 말았다. 당시 미국과 캐나다는 베트남전쟁 때문에 외교적으로 긴장관계에 있었고, 따라서 미국 국방부가 불 박사의 연구에 더 이상 자금을 지원할 수 없게 되었기 때문이다.

이후 스페이스 건과 불 박사의 운명은 비극적이었다. 1980년 불 박사는 제3세계와 불법으로 거대 대포 관련 거래를 한 혐의로 미국 정부에 의해 감옥생활을 하게 된다. 감옥에서 나온 후 불 박사는 벨기에에 우주연구회사(SRC)를 설립하고, 함께 스페이스 건의 꿈을 실현할 새로운 상대를 찾기 시작했다.

이때 그에게 손을 내민 나라가 이라크이다. 1988년부터 불 박사는 이라크를 위해 직경 1,000㎜ 슈퍼건을 제작하기 위한 바빌론 프로젝트에 관여하였다. 이 대포는 200kg 정도의 인공위성을 실은 2톤의 로켓 추진 탄두를 지구 저궤도에 진입시킬 수 있는 성능을 가지고 있었다. 발사비용은 kg당 겨우 75만 원 정도로 추정되는데, 이는 기존의 로켓으로 추진되는 우주발사체의 비용에 비하면 그야말로 '껌값'에 지나지 않았다.

하지만 이라크의 본심은 이런 거대 대포를 우주 개발에 평화적으로 이용하는 데 있는 것 같지 않았고, 이스라엘은 이것을 자신들을 위협할 무기로 간주했다. 개발의 책임자인 불 박사는 결국 이스라엘의 첩보국 모사드에 의해 1990년 3월, 외출 후 집으로 돌아오는 길에 암살당하고 말았다. 이로써 이라

이라크의 비밀병기, 슈퍼건.

크의 슈퍼건은 완성되지 못했고, 설치중이던 장비는 걸프전 당시 연합군에 의해 해체되고 말았다.

나노급 위성 우주발사체로 주목되는 스페이스 건

이제 젤 베른의 꿈은 완전히 사라지는 듯 보였다. 그러나 이미 1985년부터 미국 내에서 스페이스 건에 관한 연구가 시작되고 있었다. 캘리포니아에 있는 로우렌스 리버모어 국립연구소의 존 헌터(John Hunter)에 의해 진행된 이 연구는 HARP 프로그램의 계승자라는 뜻에서 'SHARP(Super High Altitude Research Project)'로 명명되었다.

SHARP에 사용하는 대포는 최대 길이 82m에 폭약이 아닌 가스로 추진되었다. 1992년부터 시험이 시작되어 5kg의 탄두를 초속 3km까지 발사하는 데 성공하였다. 다음 목표로 헌터 박사는 인공위성의 속도에 근접한 초속 7km에 도달하는 소형

탄두의 발사시험을 계획했다. 그러나 미국 정부의 기금이 중단되자 이 계획은 물거품이 되고 말았다.

이에 헌터 박사는 1996년에 독자적으로 '쥘 베른 발사체 회사'를 설립하고 소형의 화물을 지구 궤도에 진입시키기 위한 스페이스 건을 연구했다. 그는 알래스카의 산 속에 스페이스 건을 설치했다. 그리곤 매우 저가의 비용으로 약 3,300kg의 인공위성을 지구 저궤도에 진입시킬 사업 모델을 가지고 투자자를 모집하려 했다. 그러나 아직까지 주목할 만한 실험을 하지 못하는 것으로 보아, 이는 실패한 것으로 추정된다.

쥘 베른의 소설로부터 시작된 가장 오래된 우주발사체인 스페이스 건은 무기와 평화적 사용의 불분명한 양면성 때문에 아직까지 실현되지는 못했다. 그러나 저렴한 발사비용, 악천후와 무관하게 365일 동안 발사가 가능한 편리성, 그리고 최근 관심이 모아지고 있는 나노급 인공위성의 가장 적합한 우주발사체라는 점에서 머지않아 우주 개발의 주역이 될 것이 분명하다.

우주 로켓의 선조 V-2, 부활을 꿈꾸다

2002년 4월 미국 뉴욕 맨해튼에 히틀러의 비밀병기 중 하나였던 세계 최초의 액체연료 탄도미사일인 V-2 로켓이 모습을 나타내어 사람들의 관심을 집중시켰다. V-2는 제2차세계대전 당시 유럽의 인구 약 9천여 명을 죽음으로 몰아넣은, 히틀러의 세계정복의 수단이었다. 그러나 이번엔 V-2가 공포의 대상이 아니라 일반인에게 우주여행의 꿈을 실현시켜줄 구세주로 등장할 예정이다.

이런 상반된 변신에 놀랄 필요는 없다. 왜냐하면 V-2를 개발한 과학자들의 원래 의도가 우주여행이었기 때문이다. 오늘날 전쟁무기용과 평화적 우주탐사용이라는 야누스의 두 얼굴을 가진 로켓의 직계 선조가 되는 V-2의 역사를 살펴보자.

우주선에서 전쟁병기로 뒤바뀐 운명

연합군의 베를린 폭격에 대한 복수(Vergeltungswaffe)라는 뜻을 가진 V-2의 처음 이름은 단순히 모형(Aggregat)이란 뜻을 가진 A-4였다. 이 A-4를 만든 핵심 멤버들은 우주여행을 꿈꾸던 독일 우주여행협회(VfR)의 회원들이었다. VfR은 1927년 6월 5일 독일인에게 우주여행에 대한 열망의 불씨를 피운 헤르만 오베르트를 중심으로 설립되었다. 폭죽 수준의 로켓밖에 없던 시절, 오베르트가 제시한 우주여행을 실현하려는 추종자들이 액체연료 로켓을 제작하기 위해 전국에서 모여들었다. 당시는 경제 불황으로 많은 사람들이 실직 상태였고 무엇인가에 열중하고 싶은 때였다. VfR 회원들 역시 대부분 실직자였다.

열악한 상황에도 불구하고 마침내 1931년 3월 VfR의 초대 회장인 요하네스 빙클러가 제작한 액체 로켓이 유럽 최초로 발사에 성공한다. 이것은 미국의 고다드가 세계 최초로 액체 로켓 발사에 성공한 지 5년 뒤의 일이었다. 재미있는 것은 당시 라이벌이라 할 수 있는 미국의 고다드는 혼자서 비밀리에 연구를 진행한 반면, 독일의 VfR은 연구비를 벌 겸 돈을 받고 로켓 발사 광경을 일반인에게 공개했다는 점이다. 1932년까지 VfR은 87회의 발사와 270회가 넘는 지상 시험, 9회의 일반 공개 발사를 하였다. 이 중 레풀조 4호의 경우 고도 910m까지 상승하는 기록을 세우기도 했다.

이 조그마한 협회의 연구실적에 고무된 독일 육군 병기국은 전쟁무기로서 로켓의 이용 가능성에 주목했다. 비밀리에 VfR의 공개 발사를 지켜본 그들은 로켓 제작에 주도적인 역할을 하던 스무 살의 폰 브라운을 발탁하여 본격적인 개발에 착수하게 된다.

한편 더 이상 로켓 개발 상황을 공개하고 싶지 않은 육군의 공작활동과 재정적인 압박으로 VfR은 1933년에 해체되고 만다. 이제 우주여행을 꿈꾸던 사람들은 모든 점에서 연구환경이 우수한 독일 육군의 로켓연구소에 모여들었다. 당시 로켓에 관심을 가지고 개인 또는 동호회 차원에서 연구를 하던 미국이나 영국, 러시아에 비해 월등한 액수의 연구비가 투입되었다. 이후 폰 브라운을 비롯한 천재적이고 열정적인 로켓광들 덕분에 연구는 매우 빠르게 진척되었다. 개발에 착수한 지 10년 만에 이들은 목표로 한 성능을 갖춘 액체연료 로켓 개발에 성공하였다.

독일의 V-2 로켓. 길이 14m에 무게 12톤. 액체산소와 알코올을 연료로 한 추진력 25톤의 로켓엔진에 의해 비행한다.

1942년 10월 3일은 현대

로켓의 직계 조상이 탄생한 날이다. 두 번의 실패 끝에 A-4 로켓이 성공적으로 발사된 것이다. 당시 인류가 도달한 최고 높이인 84㎞까지 상승한 A-4의 완벽한 비행을 지켜본 개발 책임자 도른베르거는 그의 동료들에게 "오늘, 우주선이 탄생했네"라고 말했다고 한다.

성공에 고무된 VfR 출신의 과학자들은 이미 2단 로켓을 설계하고 있었고, 유인비행, 지구 주위 비행, 달 비행 등을 염두에 두고 있었다. 하지만 무엇보다 이들의 목표는 더욱 다급해진 전황의 정세를 바꿀 미사일의 완성에 있었다.

마침내 V-2란 전쟁병기의 이름으로 바뀐 A-4에는 과학탑재물 대신 1톤의 폭약이 실렸다. 악명 높은 도라 수용소의 2만 여 강제 노동자의 희생으로 완성된 V-2는 1944년 9월 8일에 처음 파리 근교로 발사된 후 종전까지 모두 3,255대가 발사되었다. 당시 영국행성간협회(BIS)의 아더 클라크는 V-2의 폭격을 받으면서도 놀라운 성능의 로켓 완성에 기뻐했다고 한다.

비밀병기에서 다시 우주여행용으로

제2차세계대전 후, 영국행성간협회의 몇몇 회원들은 V-2를 이용한 유인 우주비행의 가능성을 연구했다. 이들은 폭약 대신에 가압 선실을 설치한다면 한 사람을 충분히 우주로 발사할 수 있다는 결론에 도달했다.

이 선실에서 승무원은 몇 분 정도의 무중력 상태를 체험하게 되며 귀환과정에서 탈출하여 낙하산으로 착륙하게 된다. 하지만 이러한 제안은 당시 전쟁으로 입은 피해를 복구하는 데 온 힘을 쏟고 있는 다른 영국인들에게는 한가한 공상에 지나지 않았다.

V-2를 이용한 유인 우주비행은 1961년 미국 NASA에 의해 이루어졌다. 비록 직접적인 V-2는 아니었지만 V-2의 설계자인 폰 브라운이 미국으로 망명한 후 제작한 것으로, V-2와 별반 다른 점이 없는 로켓이었다. 이 로켓(레드스톤)을 이용한 준궤도 유인비행은 단 2회만 이루어졌다. 이후 궤도비행(지구를 한바퀴 이상 도는 비행)에만 관심이 집중된 미국과 구소련이 서로 우주경쟁에서 앞서기 위해 보다 강력한 성능을 가진 로켓에 의한 유인비행만을 실시하였기 때문이다.

개발된 지 환갑이 지난 이 낡은 로켓의 우수한 성능을 다시 주목한 것은 캐나다의 제프 시어린(Geoff Sheerin)이다. 저렴한 비용의 우주여행을 목적으로 한 우주선을 개발중인 제프는 이미 개발된 V-2의 기술을 활용함으로써 로켓 개발비용을 절약하려 하고 있다. 전체의 항공역학적인 모습과 주엔진의 설계를 모방하면서도 중요한 부분은 현대의 기술과 재료로 다시 제작할 계획이다.

새롭게 탄생될 V-2의 이름은 캐나다 애로우(Canadian Arrow)이다. V-2와 다른 점은 폭약 대신에 세 명이 탑승할 수 있는 선실이 2단으로 실렸다는 점이다. 고체연료 로켓이 장착된 2단

우주여행용으로 복원된 V-2, 캐나다 애로우.

부분은 우주비행뿐 아니라 위험한 사고에 대비한 비상탈출용이 된다. 캐나다 애로우는 바다 쪽으로 발사되는데, 1단 로켓은 낙하산으로 회수되고 2단 우주선은 100㎞까지 상승한 후 낙하산과 튜브를 이용하여 발사장으로부터 24㎞ 정도 떨어진 바다에 착수(着水)하게 된다.

캐나다 애로우의 실제 크기 모형은 2002년에 처음으로 일반인들에게 공개되었으며, 1단 로켓엔진의 시험도 이루어지고 있다. 지난 2003년 6월에는 캐나다 애로우에 탑승할 용감한 여섯 명의 우주비행사를 선발하여 발표하기도 했다. 21세기에 V-2는 히틀러의 망령을 벗고 60여 년 전 독일 우주여행협회 회원들의 소망처럼 우주여행용으로 다시 부활할 그날을 꿈꾸고 있다.

우주여행의 숨은 주역, 동물 우주비행사

1973년 7월 28일, 거미가 처음으로 우주로 향했다. 매사추세츠 주의 여고생이 제안하여 탑승의 행운을 잡은 두 마리의 거미에게 주어진 임무는 무중력 공간에서 거미집을 짓는 것. 무중력 환경이 생체의 중앙신경계에 미치는 영향을 살펴보는 이 실험에서 아니타와 아라베라란 이 거미들은 거듭된 실패 후 마침내 기하학적인 거미집을 만드는 데 성공하여 함께 탑승한 승무원의 탄성을 자아냈다.

그러나 비록 실험은 성공했지만 아니타는 물과 파리를 먹지 못해 우주에서 죽고, 아라베라는 지구로 귀환한 후 곧 죽고 말았다. 2003년 2월에 다시 한번 우주로 간 거미 역시 공중 폭발한 컬럼비아호의 희생자(?) 명단에 포함되고 말았다. 이렇게 인간의 우주 개발을 위해 몸을 바친 동물 우주비행사(Animal Astronauts)에 대해 살펴보자.

동물 우주비행사, 대부분 우주에서 살아 돌아오지 못해

우주 개발 초기 동물들은 인간에 앞서 단순한 생존실험용으로 탄도탄에 실려 대기권 밖으로 보내졌다. 이들의 임무는 살아 돌아오는 것뿐이었으나, 이것은 결코 쉬운 일이 아니었다. 1948년 미국은 최초의 동물 우주비행사로 벵골원숭이 알버트를 독일에서 압수한 V-2 로켓에 실어 발사했다. 그러나 안타깝게도 알버트는 우주선에서 사망한 최초의 원숭이가 되고 말았다.

그 후 1958년까지 10년 동안 미국은 일곱 번의 동물 우주비행을 시도했는데, 어떤 동물도 산 채로 귀환시키지 못했다. 구소련 역시 1951년부터 개, 쥐 등을 이용해 생존실험을 해왔다. 그러다 1957년 11월 3일 스푸트니크 2호로 탄도비행에서 한 걸음 더 나아간 궤도비행을 시도함으로써 세계를 놀라게 했다. 탑승의 영광을 안은 동물 우주비행사는 쿠드랴프카(조그만 곱슬머리 암컷이란 뜻)란 개인데, 라이카란 품종으로 잘 알려져 있다.

구소련에서 최초의 우주비행 동물로 개가 선정된 것은 조건반사실험으로 유명한 파블로프 박사의 영향이었다. 개는 원숭이에 비해 예기치 않은 상황에 잘 적응하는 것으로 나타나

최초의 생존
동물 우주비행사,
다람쥐원숭이 베이커.

선택된 것이다. 쿠드랴프카는 과거 우주에서 일주일 정도 생존한 후 귀환방법이 없어 독살된 것으로 알려졌으나 최근엔 발사 5-7시간 만에 기내 과열과 산소 부족 등으로 공포에 버둥대다 죽은 것으로 밝혀져 충격을 주기도 했다.

실패를 거듭하던 동물의 회수는 1959년 5월에야 겨우 성공할 수 있었다. 미 육군의 중거리 탄도탄을 개조한 주피터 로켓에 탑승한 벵골원숭이 에이블과 다람쥐원숭이 베이커는 약 480km 상공까지 비행한 다음 무사히 살아 돌아왔다. 우주로 나가 살아 돌아온 최초의 원숭이 에이블은 며칠 후 사고로 사망했다. 그러나 베이커는 건강하게 30살까지 장수한 후 1984년 11월에 죽었다.

그해 12월에는 벵골원숭이 샘(원래 이름은 창이었으나 중국식이란 항의가 빗발쳐 변경되었다)이 리틀 조에 3호 로켓에 실려 약 88km까지 비행한 후 살아 돌아왔다. 하지만 이것은 탄도비행에서 살아 돌아온 것으로 진정한 우주비행 후 귀환한 것은 아니었다. 지구를 완전히 일주하는 궤도비행에서 살아 돌아온 동물은 구소련의 우주견이었다. 1960년 8월 스푸트니크 5호에 탑승한 스트렐카와 벨카라라는 두 마리의 우주견은 지구 궤도를 열일곱 바퀴나 돈 다음 귀환함으로써, 지구 궤도 비행 후 살아 돌아온 최초의 생명체가 되었다. 이것은 최초의 유인비행보다 불과 8개월 앞서 이루어진 것으로서, 유인비행이 성공하기 위해서는 몇 번 더 동물을 무사 귀환시켜야 했다. 1960년 12월에는 다시 두 마리의 개가 위험한 방사능으로 가득한 반알렌대를 통과한 후 무사히 돌아왔다. 또, 1961년 3월에는 한 달 후에 있을 최초의 유인비행에 관한 리허설로, 개 한 마리와 사람 크기의 인형이 스푸트니크 7호로 발사되어 무사히 귀환하였다.

한편 미국은 유인비행의 리허설이 되는 실험으로, 개에 비해 초보적인 기계 조작도 할 수 있을 만큼 영리한 원숭이와 침팬지 스무 마리를 선발하여 45명의 수의사와 전문가로 하여금 훈련시키도록 하였다. 이들 동물들에게는 임무의 숙련도에 따라 상으로는 사탕이, 벌칙으로는 전기 쇼크가 주어졌다. 훈련을 통해 최종 네 마리의 원숭이와 두 마리의 침팬지가 동물 우주비행사로 선발되었다.

1961년 1월 NASA는 최초의 머큐리 유인 우주선 발사에 앞서 우주비행의 안전성을 확인하기 위해 네 살짜리 침팬지 햄을 우주로 발사하였다. 발사 후 단 3회의 전기 쇼크를 받고 지구로 무사 귀환한 햄의 건강진단을 통해 NASA는 유인비행에 관한 자신감을 얻게 되었다. 이후 이들의 희생으로 시작된 미소 양국의 유인 우주비행이 본격화되자 동물의 우주비행은 주춤해졌다.

인간의 장기 우주체류를 위해 계속된 동물실험

1960년대 중반이 되자 NASA는 아폴로 이후의 계획으로 우주정거장 건설과 화성 탐사를 대비하기 시작했다. 그 일환으로 장기 우주체류가 생체에 미치는 영향을 알아보는 동물실험이 이루어졌다. 이를 위해 1966년부터 1969년까지 세 대의 바이오위성이 발사되었으나 모두 만족할 만한 성과는 거두지 못했다. 특히 1969년의 바이오위성 3호에서는 원숭이가 30일간 우주에 머물 예정이었으나 발사 직후의 스트레스로 인해 불과 8일 만에 중도 귀환하고 말았다.

이 시기 구소련은 두 마리의 개를 당시 최장 우주체류기간인 22일간이나 지구 궤도에 머물게 했고, 달을 향해서는 거북이를 발사하여 지구로 무사히 귀환시키기도 했다. 이는 분명 인간을 달에 보내기 위한 사전 생물실험이었지만, 달 로켓의 개발 실패로 유인비행은 이루어지지 못했다.

1972년 12월에 발사된 미국의 마지막 달 탐사선 아폴로 17호에는 방사능이 생체에 미치는 영향에 관한 조사를 위해 포켓 생쥐가 탑승해서 12일간 동반 비행을 하고 돌아왔다. 1973

우주에서 성공적으로 집을 지은 거미.

년 7월에는 거미를 비롯한 버들붕어 등이 우주실험실 스카이랩의 우주실험에 참가하였다.

이후 화물공간이 넓은 우주왕복선이 등장하자 다양한 동물을 대상으로 하는 우주실험이 본격화되었다. 1985년 10월에 발사된 챌린저호에는 무려 48마리나 되는 쥐와 네 마리의 벵골원숭이 등이 실렸으며 실험장비의 절반이 동물실험에 이용되어 그야말로 우주동물원이 되고 말았다.

1994년 7월 컬럼비아호에는 우주 멀미에 강한, 선택된 송사리 네 마리가 실려 우주로 신혼여행을 떠났다. 이 송사리들은 우주공간에서 사상 처음으로 산란에 성공했다. 여덟 마리의 아기 송사리가 우주에서 태어나는 우주실험의 쾌거였다.

지금까지 우주로 쏘아올려진 90여 마리의 원숭이와 침팬지, 개 등과 수백 마리의 쥐, 도마뱀, 물고기 등이 겪은 우주실험

동물들의 운명은 우주라는 특수한 환경에서 겪는 생명체에 관한 이해는 물론, 우주비행 중 생기는 병을 예방하거나 고치는 우주의학을 발전시키는 데 큰 역할을 하게 될 것이다.

가가린보다 먼저 우주로 간 유령 우주비행사?

1961년 4월 12일, 구소련에서 세상을 놀라게 하는 발표가 있었다. 우주비행사 유리 가가린이 지구 궤도를 1회전한 후 무사히 귀환했다는 소식이었다. 라이벌 국가인 미국이 겨우 침팬지를 쏘아올리고 있을 때 구소련은 유인 우주비행의 업적을 달성한 것이다. 미국은 그로부터 약 10개월 후인 1962년 2월 20일에야 이런 비행을 할 수 있었다.

미국은 이를 위해 1959년 12월부터 네 마리의 침팬지를 먼저 우주로 보냈다. 동물비행에서 만족하자 1961년에는 예비시험비행인 두 번의 유인 준궤도비행을 실시하였고, 이것이 성공하자 마침내 지구를 완전히 일주하는 지구 궤도비행을 실시하였다.

이렇게 여러 단계를 거친 미국과는 달리, 구소련의 경우 몇 번의 동물시험 후 곧바로 유인 지구 궤도비행을 실시하는 무모하다 싶은 과감함을 보이고 놀라운 성공을 기록한 셈이다. 정말 구소련은 발표한 것처럼 단 한 번의 유인비행 시도에서 성공한 것일까? 혹시 실패한 이전의 비행들을 숨기고 있는 것은 아닐까?

가가린은 세계 최초의 우주인이 아니다?

우주 개발 초기부터 수십 년 동안 몇몇 언론과 연구가들은 구소련에 의해 공표되지 않은 가가린 이전의 코스모낫츠(cosmonauts : 러시아어로 우주비행사란 호칭)를 추적하고 있다. 이들의 주장에 의하면 우주 개발 초기 한 사람만이 우주에서 살아 돌아와 전세계에 공표되었고, 나머지 사람들은 비밀에 붙여져 '유령 우주비행사'로 남게 되었다고 한다. 구소련이 이들의 공식 기록을 폐기하였고, 다른 우주비행사와 함께 찍은 사진 속의 모습은 에어브러시로 정교하게 지워 없앴다는 것이다.

사실 구소련은 알리고 싶지 않은 많은 우주 계획을 공개하지 않았다. 심지어 가가린의 착륙과정 또한 수년간 정확히 공개하지 않았다. 당시만 해도 딱딱한 육지에 부드럽게 착륙하는 기술은 개발되지 못했다. 가가린은 7천 m 상공에서 사출의자를 이용하여 우주선에서 분리된 후 낙하산을 이용하여 하강해 생존할 수 있었다. 그런데 이를 발표할 경우 비행체에 승무

세계 최초의 우주비행사, 유리 가가린.

원이 탑승한 채 이륙하고 착륙해야 기록을 인정하는 국제항공연맹(FAI)의 규정을 위반한 것이 탄로나기 때문에 어쩔 수 없이 비밀로 할 수밖에 없었던 것이다.

세상은 우리를 모를 것이다

1960년대 미국과 벌였던 엄청난 달 탐사 계획은, 이것이 실패하는 바람에 구소련이 해체되기 전까지 공개되지 못했다. 임무의 성공 여부와는 관계없이, 우주비행사의 생존만으로 따져볼 때 실패로 끝난 우주비행은 계획 자체가 비밀에 붙여졌다. 그러나 선전을 위해 임무가 끝나기도 전에 성급히 공식 발표된 후 귀환 도중 우주비행사가 사망하는 경우(소유즈 1호 : 1명 사망 / 소유즈 11호 : 3명 사망)엔 뜻하지 않게 공개되기도 했다.

가가린 이전에 있었던 우주비행사에 관한 의혹은 1960년대 초 우주로부터 온 듯한 이상한 전파를 이탈리아의 젊은 아마추어 무선인 형제가 포착하면서 시작되었다. 이들의 안테나는 구소련의 인공위성들이 지나가는 길목에 있어 비교적 쉽게 우주교신을 엿들을 수 있었다.

이들은 1960년 11월 28일에 러시아어와 영어 코드로 보내진 '전세계에 SOS'란 신호를 세 번이나 포착했다. 이어 1961년 2월에는 죽어가는 우주비행사의 것으로 여겨지는, 고르지 못한 심장박동과 거친 호흡소리를 들을 수 있었다. 1961년 5월 17일에는 두 명의 남자와 한 명의 여자가 "상황이 악화되고 있다. 왜 대답이 없지……세상은 우리를 모를 것이다"라고 러시아어로 이야기하는 것을 수신했다고 주장하였다. 이외에도 여러 언론기관과 개인에 의해 1957년 11월부터 가가린의 비행 이전까지 제기한 유령 우주비행사들의 인원은 모두 십여 명이 넘는다.

초기의 러시아 우주비행사들.

유령 우주비행사들은 모두 사망한 것으로 주장되고 있는데 이 중 유일하게 생존한 것으로 알려진 우주비행사가 있다. 가가린이 우주비행을 시도하기 불과 6일 전인 1961년 4월 7일에 우주로 발사되었다고 주장된 블라드미르 세르게예브비치 일루신이다. 이 주장이 맞고 그가 우주비행에서 살아남았다면, 바로 일루신이 세계 최초의 우주비행사인 것이다. 그럼 왜 구소련은 이 사실을 숨겼을까?

풀리지 않는 의혹, 유령 우주비행사

일루신은 발사된 후 우주에서 의식을 잃었는데 지구를 3회 전할 쯤 겨우 의식을 찾아 지구 진입을 시도할 수 있었다고 한다. 그런데 비상 착륙한 장소가 중국이었고, 일루신은 큰 부상을 입은 채 중국 당국에 의해 체포되어 1962년에야 조국으로 돌아갈 수 있었다는 것이다. 결국 구소련은 6일 후에 출발하였지만 무사 귀환한 가가린을 최초의 우주비행사로 발표하였다고 한다.

이런 주장을 객관적으로 추적한 이가 있다. 베일 속에 가려 있던 구소련 우주 개발의 어두운 역사를 파헤쳐온 러시아 우주 전문가 제임스 오버그(James Oberg)이다. 그는 여러 경로를 통해 유령 우주비행사들을 추적한 결과, 대부분이 단순한 루머일 뿐이라고 밝혔다. 특히 일루신은 우주비행을 한 적도 없으며 비슷한 시기에 자동차사고로 부상을 입었던 것이 와전된 것이라 한다.

하지만 구소련의 몰락으로 우주 개발과 관련된 당시의 장비나 서류, 일지들이 경매장에 나올 정도로 공개되면서, 몇몇 우주비행사들의 훈련 중 사고가 드러났다. 예를 들면 1961년 3월 23일, 가가린이 비행하기 3주 전에 지상의 우주선에서 발생한 화재사고로 우주비행사 발렌틴 본도렌코가 사망한 사실이 1986년에야 비로소 밝혀졌다. 이외에도 1957년과 1958년, 1959년에 레도브스키크, 샤도린, 미츠코프 등의 조종사가 궤도비행에 앞선 준궤도비행을 시도하다 사망하였다는 사실이 러시아의 우주기술진에 의해 폭로되기도 했다. 이들은 모두 시험비행사 출신으로 특별한 우주비행 훈련을 받지 못했으며, 이들의 죽음 이후에 강도 높은 훈련이 실시되었다고 한다.

이런 의혹이 진실인지 아닌지는 불분명하다. 그러나 최근 미국의 우주왕복선 챌린저호(7명 사망)나 컬럼비아호(7명 사망) 사고에서 보았듯이 유인 우주 개발은 과거에나 현재에도 우주비행사들의 희생 위에서 발전하고 있음은 명백한 사실이다.

여성 우주비행사 비밀 프로젝트

1963년 6월은 구소련의 우주비행사 바렌티나 테레시코바가 여성으로서는 세계 최초의 우주비행을 기록한 해이다. 1960년대, 우주는 남성들만이 차지한 금녀의 구역이긴 했지만 미국과 구소련에서는 비밀리에 여성 우주비행사 계획을 추진하고 있었다. 그 은밀한 계획의 내막을 살펴보자.

미국 남성의 콧대를 누른 러시아 여성 우주비행사

최초의 여성 우주비행사 테레시코바는 뛰어난 실력을 갖춘 아마추어 낙하산 동호회 회원으로, 24세에 우주비행사로 선발되었다. 구소련의 우주 계획은 모든 분야에서 최초의 업적을 원했고 여성에 있어서도 마찬가지였다.

당시 여성 우주비행사는 우수한 낙하산 전문가 중에서 발탁되었다. 테레시코바는 세 명의 낙하산 전문가와 한 명의 조종사 출신 여성과 함께 선발되어 1962년부터 우주비행사 훈련을 받기 시작했다. 모든 것은 비밀리에 진행되었으며, 테레시코바와 함께 훈련을 받았던 여성들의 정체는 1980년대 후반에야 밝혀졌다.

당시 구소련의 우주 개발 책임자인 세르게이 코로레프는 가가린의 세계 최초 우주비행 다음으로 여성을 보낼 계획이었다. 그러나 공산당 서기장 후루시초프는 여성을 보스토크 우주선의 마지막 승무원으로 밀어내고 말았다.

15개월 동안 남성들과 함께 혹독한 훈련을 받은 테레시코바는 1963년 6월 16일에 발사장으로 향했다. 그녀의 뒤에는 만일을 대비해 동료인 아이리나 소로브요바가 대기하고 있었다. 그녀의 호출신호는 여성스럽게(?) '갈매기'였다.

우주로 향한 암갈매기는 심리적으로 매우 불안정하여 임무를 제대로 수행하지 못했고, 결국 예정된 우주선 조작을 제지당하는 수모를 겪었다. 이런 우여곡절이 있었지만 그녀의 3일간 우주비행은 그 당시 미국 남성들의 우주비행 기록을 합친 것보다 긴 시간으로, 미국인들의 콧대를 누르기에 충분한 것이었다.

'정치 선전'을 목적으로 우주로 쏘아올려진 그녀의 삶은 지상에서도 '정치'로 인해 괴롭힘을 당했다. 크렘린은 우주비행

최초의 러시아 여성 우주비행사 그룹. 오른쪽이 비행에 성공한 테레시코바.

을 마친 테레시코바에게 보스토크 3호의 총각 승무원인 안드리안 니코라예프와의 정략결혼을 요구했고, 결국 압력에 못 이겨 세계 최초의 '우주부부'가 탄생하였다. 1964년 6월 8일, 이들 사이에서 최초의 '우주아이'가 태어났다. 그러나 결혼은 오래 유지되지 못했고, 결국 '우주가족'은 헤어지고 말았다. 이후 다른 동료 여성 우주비행사들의 우주비행은 더 이상 이루어지지 않았다.

미국의 비밀 프로젝트, 머큐리 13

구소련만 여성 우주비행사를 비밀리에 양성한 것은 아니다. 같은 시기 구소련의 속셈을 눈치챈 미국 또한 비밀 계획을 진행하고 있었다. 이에 따라 1960년 2월 나이 35세 이하, 4년제 대학 졸업, 건장한 체격에 2,000시간의 비행 경험이 있는 여성 열세 명이 뉴멕시코에 위치한 러브레이스 크리닉(Lovelace Clinic)에 모였다.

당시 일곱 명의 남성으로 구성된 '머큐리 7'과 비슷한 조건으로 선발된 이들 '머큐리 13'의 공식명칭은 FLATs(First Lady Astronaut Trainees)였다. 열세 명의 훈련생 중에는 쌍둥이도 있었다. 우주비행의 적합성을 알아보기 위해 3년간 진행된 이 비밀 계획에서, 여성들에게는 남성들과 똑같은 혹독한 시험이 주어졌다. 우주공간에 관한 정확한 정보가 없던 시절이라 우주비행사들은 예상치 못한 극한의 조건과 환경으로 설정된 시험들을 받아야만 했다.

수백 가지 시험내용 중에는 귓구멍으로 얼음물 붓기, 목구멍으로 고무호스 넣기, 방사능 물질 마시기 등이 있었다. 또한 빛과 소리는 물론 온도까지 조절되는 밀폐실에서 시각, 청각, 촉각 등 오감이 박탈된 상태로 홀로 있는 시험도 있었는데, 여성 훈련생 중에는 환각 현상 없이 10시간 35분이나 버티는 이도 있었다. 이외에 모든 시험에서 여성들은 남성보다 중력가속도, 방사능, 외로움, 추위, 열, 고통, 소음 등의 영향을 덜 받는 것으로 나타났다. 여기에다 우주 개발 초기의 보잘 것 없는 로켓의 성능을 고려해볼 때 몸무게가 가볍고 체격도 작아 공간을 덜 차지하며 공기, 물, 음식의 소비량이 적은 여성은 우주로 보내기에 매우 적합한 화물이었다.

그럼 왜 이들은 우주로 가지 못한 것일까? 이들의 운명이 꼬이기 시작한 것은 NASA가 선발기준에 테스터 파일럿 경력을 추가하면서부터였다. 당시엔 여성 테스터 파일럿이 없던 시절이므로 결국 어떤 여성도 우주로 갈 수 없었다. 이러한 NASA의 다소 이해하기 힘든 이유로 여성 우주비행사 계획은 취소되고 말았다.

우주도 이젠 우먼파워 시대

1980년대 미국은 이전과는 전혀 다른 개념의 우주선인 우주왕복선을 개발하였고, 이에 맞는 새로운 개념의 우주비행사가 필요했다. 이제 우주비행사가 꼭 테스터 파일럿 출신일 필요가 없어졌다.

그 결과 1980년대 초 우주왕복선 우주비행사로 공개 모집된 35명 중 여섯 명이 여성이었다. 비밀리에 선발되었던 20여 년 전과는 완전히 다른 상황이었다. 미국이 여성 우주비행사를 선발하자 구소련도 이에 질세라 다시 여성 우주비행사를 훈련시키기 시작했고, 1982년 8월 세계에서 두 번째 여성으로 스베트라나 사비츠카야가 우주비행에 성공했다.

내친김에 구소련은 1985년 세계여성의 날(3월 8일)을 기념하여 3인승 소유즈 우주선에 모두 여성 승무원만을 태운 아마조네스 우주선을 발사할 계획을 세웠다. 그러나 우주선이 도착할 우주정거장 샬류트 7호에 문제가 생겨 이 계획은 아쉽게 취소되고 말았다.

한편 미국 최초의 여성 우주비행사는 테레시코바가 우주로 떠난 지 20년 하고 이틀 뒤인 1983년 6월 18일에야 탄생했다.

미국 최초의 여성 선장, 아일린 콜린즈.

하지만 최초의 미국 여성 우주비행사인 샐리 라이드는 테레시코바와 달리 단순한 승무원이었다. 우주선을 조종하는 진정한 여성 우주비행사가 탄생하는 데는 다시 그로부터 12년의 시간이 필요했다. 1995년 2월 우주왕복선에 파일럿으로 탑승한 아일린 콜린즈가 그 주인공이다. 그리고 다시 4년 후 콜린즈는 마침내 여성 최초의 우주왕복선 선장이 되었다. 남성만의 전유물이었던 우주선의 조종간이 테레시코바의 비행 이후 36년 만에 여성에게 넘어간 것이다.

NASA가 1973년에 실시한 우주비행에 관한 적합성 시험기간에 여성 훈련생들은 지루함과 스트레스를 훈련생끼리 해결할 뜨개질 친목 모임을 만들어 활동함으로써 남성 훈련생들에서는 찾을 수 없는 특성을 나타냈다. 21세기 세계 각국의 여러 우주비행사가 수개월간 함께 생활하게 될 국제 우주정거장

운영시대에 요구되는 최고 덕목인 팀워크에서 여성들은 우수한 자질을 가지고 있었던 것이다. 우주 개척의 시대를 지나 우주 이용의 시대에 접어든 지금, 지상에서뿐 아니라 우주에서도 '우먼파워'의 시대는 오고 있다.

러시아는 왜 달에 못 갔나

달 경쟁이 한창이던 1968년 9월 14일, 구소련의 바이코누루 우주센터에서 달을 향해 한 대의 우주선이 발사되었다. 이를 추적하던 미국의 중앙정보국 CIA는 달을 돌아 지구로 귀환하는 이 우주선에서 러시아어를 감청하게 되어 놀라지 않을 수 없었다.

비록 녹음장치에 의한 목소리로 밝혀졌지만, 이는 달 경쟁에서 러시아가 미국을 앞서 있다는 적신호였다. NASA는 준비중이던 계획을 서둘러 수정해야만 했다. 하지만 앞선 것으로 보였던 러시아의 유인 달 선회비행은 실제로는 이루어지지 못했으며 계획 자체는 비밀에 붙여졌다. 왜 러시아인들은 달에 가지 못했을까? 유인 달 선회비행 계획의 전모를 살펴보자.

러시아의 비밀 유인 달 선회비행 L-1 계획

구소련과 미국 사이에 달 경쟁이 시작된 1960년대 초, 양국 모두는 달 착륙에 앞서 유인 우주선을 달 주위에 보냈다가 무사히 회수할 필요가 있음을 깨달았다. 이른바 유인 달 선회 계획은 달 레이스에서 1차 종목이었다.

이를 위해 러시아는 여러 가지 방법을 모색했으며 결국 UR-500K/L-1 계획을 진행하였다. UR-500K란 달 탐사선 발사를 위해 개발된 프로톤 로켓을 말하며, L-1이란 소유즈 우주선을 개조한 달 여행용 우주선을 말한다. L-1에는 두 명의 승무원과 6일 분량 이상의 산소와 음식 등이 실리게 된다. 또한 L-1에게는 러시아의 영토에 착륙하기 위해 '더블 딥(double-dip)'이란 특별한 궤도진입법이 요구되었다.

러시아의 달 탐사용 로켓, 프로톤.

이것은 제2차세계대전 당시 독일이 사거리가 짧은 미사일을 먼 거리의 미국 영토까지 운반하려는 고민 끝에 찾아낸 방법이기도 했다. 더블 딥이란 간단히 말해 물수제비를 말한다. 낮은 각도로 던져진 돌은 물속으로 바로 들어가지 않고 수면을 몇 번 튀어오른다. 이와 같은 방식으로 우주선과 대기와의 충돌을 이용, 우주선을 튀어오르게 하여 속도를 줄임으로써 재진입시의 마찰열도 줄이고 착륙 진입지점을 러시아의 영토가 있는 곳으로 옮겨보자는 것이다. 이를 위해 소유즈 우주선에 대대적인 리모델링이 가해졌는데, 무엇보다 UR-500K 로켓의 추진력 부족으로 몸무게를 대폭 줄여야만 했다.

그 결과 소유즈의 세 개 모듈 중 궤도 모듈과 비상사태를 대비한 여분의 추진장치가 제거되었으며, 태양전지판의 크기도 줄어들었다. 그 대신 복잡한 대기 진입법을 실현할 자동항법장비와 자세조정 엔진이 부가되었고, 하강 모듈에는 진입과정에서 발생하는 고열을 견딜 수 있도록 방열막이 강화되었다.

1967년 3월부터 이에 대한 본격적인 시험비행이 이루어졌는데, 발사체의 문제로 대부분 실패로 돌아가고 말았다. 1968년 3월에는 서방세계에 목적을 숨기기 위해 단지 탐사체란 뜻의 존드 4호로 명명된 L-1이 처음으로 지구 궤도를 벗어나 달에 도달할 만큼 긴 타원궤도로 발사되었다. 존드 4호는 달의 반대편으로 발사되었는데, 이것은 장거리 통신과 지구 재진입을 시험하기 위해서였다. 그러나 존드 4호가 진입 도중 항법장비의 고장으로 예상지점에 착륙하지 못하게 되자 공중 폭발을 시켜버렸다. 그 후 3회에 걸친 추가 발사가 이루어졌지만 모두 실패했고, 7월 21일에는 발사대에서 로켓이 폭발해 세 명의 기술자가 사망하기도 했다. 이때쯤 미국의 CIA는 존드가 유인 달 선회비행을 준비하는 예비임무를 맡고 있음을 파악하고 NASA에 정보를 전달했다.

1968년 9월 15일에는 거북이 등의 실험용 생명체가 탑승한 존드 5호가 무사히 발사되어 3일 후 달 주위을 돌아 지구로 향했다. 존드 5호는 발사과정과 통신, 방사선에 의한 우주공간에서의 생명 생존실험 등에서 대성공을 거두었다. 이제 남은 것은 더블 딥에 의한 궤도진입이었다. 하지만 역시 항법장비에 문제가 생겨 존드 5호는 무려 20G에 달하는 중력가속도로 곧장 대기권에 진입했고, 착륙장소는 인도양이 되고 말았다. 비록 예정된 지점에 귀환하지는 못했지만, 존드 5호는 우주개발 최초로 달 비행 후 지구로 회수된 우주선이다.

1968년 11월 10일에는 존드 6호가 발사되었고, 처음으로 더블 딥을 이용해 러시아의 영토에서 우주선을 회수할 수 있었다. 하지만 이번엔 캡슐에서 산소가 새는 바람에 탑승한 생명체가 질식사하고 말았다. 결국 존드 5, 6호는 회수되긴 했지만, 만약 이곳에 인간이 탑승했다면 분명 사망하고 말았을 것이다. 러시아는 아직 유인 달 비행을 할 준비가 덜 된 상태였다. 당시 실패의 원인은 모두 비밀에 붙여졌다.

아폴로에 한발 뒤진 비운의 존드 7호

다음번 1968년 12월 발사에서는 러시아가 유인으로 시험비행을 한다는 첩보가 서방세계에 돌았다. 그러자 미국은 부랴부랴 지구 주위에서만 비행할 예정이었던 아폴로 8호의 비행목표를 달로 변경하였다. 이것은 러시아의 L-1과 달리 달까지의 예비 생명실험도 거치지 않은 무모한 시도였지만 선택의 여지는 없었다.

1968년 12월 중에 미국이 달로 우주선을 발사할 수 있는 날짜는 12월 21일이었고, 러시아에서는 12월 8일이었다. 발사시기가 조금 빠른 러시아로선 달 경쟁에서 미국을 앞설 수 있는 절호의 기회였다. 하지만 러시아는 달 발사체의 믿을 수 없는 성능과 불안전한 자동항법장비 때문에 우주비행사의 안전을 보장할 수 없는 상태였다.

당시 러시아는 지나치게 자동항법장비에 의존하고 있었는데, 우주비행사들조차 이런 자동항법비행이 조종사에 의한 수동비행보다 열 배나 더 어려운 기술이라 회고했다. 결국 러시아 상부는 미국의 움직임을 알고도 존드 7호의 유인비행을 승인할 수 없었고, 미국의 아폴로 8호만이 홀로 달을 향해 떠났다. L-1의 '코스모낫츠(cosmonauts)'인 포포비치, 비코스키, 레오노프가 아닌 아폴로의 '애스트로낫츠(astronauts)'인 보어만, 로벨, 앤더스 세 사람이 달 상공을 날고 있었다. 아폴로 8호가 달 궤도에 도착한 1968년 12월 24일 크리스마스이브는 미국

존드 7호가 달에서 촬영한 지구.

과 함께 달 선회비행 계획을 경쟁해온 러시아의 우주과학자와 우주비행사들에겐 좌절과 비극의 날이었다.

유인으로 진행될 뻔한 존드 7호는 그 후 무인으로 1969년 8월에 발사되었다. 존드 7호의 비행은 달 선회, 더블 딥 진입, 착륙까지 L-1의 계획대로 완벽하게 이루어져 러시아 과학자들을 안타깝게 했다. 이후 러시아의 유인 달 선회비행 계획인 L-1은 정치적인 이유로 취소되었고 그 후 철저히 비밀에 붙여졌다.

우주왕복선 개발 X-파일

1981년 4월 12일, 미국 플로리다의 케네디 우주센터에서는 새로운 우주선이 출발을 기다리고 있었다. 달을 향해 발사된 아폴로 우주선이 사용하던 39번 발사대를 개조해 만든 곳에 이전의 우주선과는 다른 모양새를 한, 차라리 비행기라고 부르기에 적합한 우주선이 서 있었다.

이날은 오랜 옛날부터 우주여행을 꿈꿨던 이들이 생각한 우주왕복선이 탄생하는 날이었다. 하지만 이 우주선은 원래 그들이 생각한 진정한 우주왕복선과는 다른 모양이었다. 지금부터 현재의 우주왕복선이 탄생하기 전까지, 설계도만으로 사라져간 비운의 우주왕복선들과 그 역사를 알아보자.

미·소의 경쟁으로 지연된 우주왕복선의 꿈

우주왕복선 개념을 처음으로 착상한 사람은 오스트리아의 항공공학자인 오이겐 젱거(Eugen Zenger)이다. 그는 1933년에 발표한 저서『로켓비행기술』에서 로켓을 이용한 대륙간 여객기를 구상했다. 이 대륙간 여객기는 보통 항공기에 실려 이륙해 내장된 로켓으로 상승, 대기권을 벗어나 궤도를 그리며 관성비행한 후 대기권으로 재돌입하여 착륙하는 것이었다.

당시의 독일 공군은 젱거의 구상에 흥미를 느껴 제2차세계대전 직전에 그를 초청하여 로켓 무기를 연구하게 하였다. 젱거는 이 과정에서 자신의 대륙간 여객기를 발전시켜 '대륙간 폭격기'를 구상하게 된다. 이 대륙간 폭격기는 유럽에서 출발하여 미국 본토에 폭탄을 투하한 후 일본의 점령지인 태평양 군도에 착륙한다는 것이었다.

젱거와 같은 시기에 독일의 베르너 폰 브라운도 로켓 비행기를 구상하고 있었다. 이것은 당시 독일에서 영국까지밖에 날지 못하는 V-2 미사일의 사정거리를 미국까지 늘리기 위한 것이었다. 하지만 전쟁무기로서의 로켓 외에 우주탐험 로켓에 욕심을 가진 폰 브라운은 V-2를 발전시킨 A-9, A-10를 조합하여 우주비행을 할 수 있을 것으로 생각했다. A-10를 제1단 로켓으로 하고, 날개를 단 A-9를 궤도선으로 하여 우주로 발사하는 것이다. 이 중 1단은 낙하산을 이용하여 해상에서 회수하고, 2단은 우주비행을 마치고 대기권에 재돌입한 뒤에 날개를 이용, 활공비행으로 목적지점까지 비행하도록 되어 있다. 그러나 젱거와 폰 브라운의 계획은 독일의 패전과 함께 실현되지 못했다.

대륙간 폭격기는 따라서 실제로 제작되지는 않았다. 그러나 제2차세계대전 후 그 자료가 미국과 러시아로 넘어갔다. 이 두 초강대국은 젱거의 구상에 관심을 가지고 있었다. 특히, 미국의 공군에서는 1950년대에 젱거의 구상에서 힌트를 얻은 계획을 본격적으로 추진했다. '다이나소어(DynaSoar)'로 명명된 이 계획에서 공군은 '공역학적으로 상승하는(dynamic soaring)' 1인승 정찰기를 우주로 올려보내 여러 가지 비밀임무를 맡길 생각이었다.

1959년에 보잉사와 마틴사가 선발되어 다이나소어의 각 기체와 부스터 개발이 이루어졌다. 델타 모양의 날개를 가진 다이나소어는 타이탄 로켓의 꼭대기에 실려 우주로 발사될 계획이었다. 10분의 1 크기의 다이나소어 모형이 제작되어 여러 가지 연구가 진행되었으나, 1963년 12월 10일에 개발은 중단되고 말았다.

러시아에서도 1962년 미코얀 설계국을 중심으로 젱거의 구상에서 힌트를 얻은 '50-50'개념의 왕복선을 진행시켰다. 이것은 초음속의 모선과 1인승 궤도선을 결합시킨 것이다. 모선은 이륙 후 마하 5.5의 속도에 도달했을 때 궤도선을 분리한다. 모선은 만들어지지 않았지만, 궤도선인 '미그 105 스피랄'이 완성되었다.

이것은 3회 정도 낙하시험을 거쳤지만 이후 계획은 계속되지 못했다. 미국과 러시아에서 '다이나소어'나 '50-50' 계획이 중지된 이유로는 예산, 기술적 문제, 낮은 군사적 유용성 등을 들 수 있다. 그러나 보다 근본적으로는 양력재돌입형과 탄도재돌입형에 대한 선택의 문제였다.

양력재돌입형이란 비행기와 같이 날개를 가진 형태의 우주선을 말한다. 이와는 달리 탄도재돌입형이란 미사일의 탄두에 인간을 태운 형태로 머큐리, 소유즈 등을 말한다. 탄도재돌입형은 시스템이 비교적 간단하고 개발기간도 짧다. 그러나 재돌입시의 가속도, 열처리에 문제가 있어 반복 사용에는 부적당하다. 양력재돌입형은 복잡하고 비용이 많이 들지만 반복 사용에 적합하다. 따라서 계속적으로 사용한다면 양력재돌입형이 초기 비용은 많이 들지만 전체 비용을 절감할 수 있는 방법이다.

만일 1960년대 우주 개발이 정치적 이유가 아닌 경제적 원칙에 의해 이루어졌다면 수송수단으로서의 우주왕복선은 1960년대에 실현되었을 것이다. 그러나 우주는 당시 미국과 구소련의 국력 전시장으로 변하였고 어떤 방법이든지 남보다 먼저 앞서는 것이 중요했다.

최초의 인공위성, 최초의 유인 우주선 발사, 최초의 유인 달착륙 등 상대보다 앞서기 위해 양력재돌입형은 포기할 수밖에 없었다. 국가가 우주 개발에 전적으로 관여함으로써 우주왕복선의 실현을 지연시키는 결과를 초래한 것이다.

절반의 성공만을 거둔 우주왕복선 계획

우주가 국력 과시의 장이 되기 이전에는 장래 우주수송의 주역은 우주왕복선이라고 생각하여 1940년대부터 1960년대 초까지의 우주 계획에는 당연히 우주왕복선이 등장한다. 그 중에서도 1952년에 폰 브라운이 미국에서 발표한 페리 로켓(Ferry Rocket)이 대표적인 경우이다. 폰 브라운은 거대한 우주 정거장을 지구 궤도에 짓기 위해 필요한 화물과 사람을 정기적으로 운반할 3단계 우주왕복선을 구상했다.

24층 빌딩 높이인 80m짜리 페리 로켓은 중량 6,400톤으로 3단째에 여섯 명의 우주비행사가 탑승한다. 이 중 두 명은 조종사이고 네 명은 승무원이다. 이 거대한 왕복선은 벌집처럼 장착된 50개의 엔진을 이용하여 발사되는데 1, 2단은 낙하산으로 바다에서 회수하고 3단은 날개를 이용하여 활공으로 지상에 착륙한다.

이외에 유럽의 항공우주회사에서도 우주왕복선을 연구하고 있었다. 독일의 융거스사는 젱거를 자문으로 하여 대륙간 폭격기를 개량한 형태의 우주왕복선을 구상하게 된다. 이것은 대륙간 폭격기처럼 모노레일에서 보조 로켓의 도움으로 발사되는데, 부스터와 궤도선의 결합형태로 되어 있다. 이륙중량은 150-250톤으로 운반하는 화물은 2-3톤 정도의 소형이었다.

1960년대에 들어 더욱 다양한 우주왕복선 계획이 연구되었다. 이 중 롬버스(Rombus) 계획은 새턴 5형 로켓보다 추진력이

1950년대에 폰 브라운
구상한 우주왕복선.

더 강한 액체연료 로켓으로, 100톤의 화물을 지구 선회 궤도로 쏘아올린 후 낙하산을 이용하여 회수하도록 설계되었다. 그 외에 여러 가지 방안이 여러 나라에서 연구되었으나 기술적으로 실현 불가능한 것이 많았다.

NASA는 아폴로 계획을 진행하면서 아폴로 계획이 끝난 이후의 우주 계획도 준비하고 있었다. 이 계획에는 50명을 수용하는 지구 궤도 우주정거장과 달 궤도 우주정거장, 달기지 건설, 화성 유인탐사, 완전 재사용이 가능한 우주왕복선이 포함되어 있었다. 그리고 이때의 우주왕복선은 우주정거장이나 우주기지 건설에 필요한 막대한 비용을 절약하기 위한 운반수단으로 간주되었다.

이에 따라 지구 재진입시 무려 마하 25에 이르는 극초음속에서 비행할 수 있는 비행체에 관한 연구가 꾸준히 이루어졌다. X-15와 HL-10, X-24가 그것으로, 이른바 '리프팅 바디(Lifting Body)'형 비행기가 주축을 이루었다. 리프팅 바디란 동체에서 발생하는 양력으로 기체를 띄우는 항공기로, 원추형에 조그마한 날개가 동체 끝에 붙은 특이한 형상을 하고 있다.

이렇게 날개가 거의 없는 비행체를 연구하는 이유는, 재진입시 가장 많은 열이 발생하는 날개 부분을 없애므로 해서 내열장치 무게 감소와 반복 사용, 착륙장소의 변경 가능 등 여러 가지 이점을 얻을 수 있기 때문이다. 이런 연구를 바탕으로 1968년이 되자 NASA는 아폴로 계획 이후를 준비한 우주왕복선 계획을 정식으로 채택하고 그 준비를 시작하게 된다. 이에 따라 1969년에 우주왕복선 연구의 제1단계를 시작한다.

1단계에는 록히드사, 맥도널 더글라스, 마틴 마리에타사의 그룹과 글라만 에어로 스페이스사와 보잉사의 그룹, NASA의 랭그레이 연구센터 등이 참가하여 각자의 안을 제시했다. 그러나 어느 것이나 너무 많은 제작비가 요구되었다. 1970년 2월, NASA는 본 설계의 최종안을 공개 모집한다. 그 결과 록크웰 인터내셔널과 맥도널 더글라스가 주 계약사로 선정되었다.

이 계획은 보잉 747형 점보제트기 크기만 한 부스터에 보잉 727형 제트기만 한 크기의 궤도선을 싣는 것이다. 이 부스터와 궤도선은 모두 유인식으로 목적한 활주로에 귀환하는 방식이었다. 이때만 해도 우주왕복선은 완전 재사용의 개념을 지니고 있었다.

그러나 당시 미국의 여론은 베트남전쟁과 국내문제로 인해 우주 계획에 비판적이었다. 이에 따라 닉슨 대통령이 1970년

NASA에서 1960-70년대에 연구한 리프팅 바디형 우주왕복선.

3월에 종합적인 우주정책을 발표했는데, 이전의 계획들은 백지화되거나 축소되었다. 결국 두 번째 안도 개발 규모가 너무 커서 최종안이 되지 못했다.

이렇게 하여 처음에 NASA에서 완전 재사용이 가능한 우주왕복선을 제작하려던 계획은 정치적, 경제적, 기술적 어려움으로 인해 많은 것을 포기할 수밖에 없었다. 처음 NASA는 오직 부스터에 유인유익(有人有翼)의 회수 부스터를 결합한 형식을 추구해왔다. 이 형식에 따르면 궤도선과 부스터는 반복사용이 가능하므로 1회 비용을 크게 줄일 수 있다. 그 대신 극초음속의 회수 부스터를 개발해야 하므로 개발비가 엄청나게 늘어난다. 실제로 NASA가 유인 회수 부스터 방식을 피한 것도 100억 달러 이상으로 예상된 개발비 때문이었다.

NASA는 개발비를 절반으로 줄이기 위해 1971년 무인 부스터로 전환하기로 결정하고 부스터에 액체추진이 좋은지, 고체추진이 좋은지 등을 검토했다. 이에 따라 현재의 우주왕복선은 기존의 연구들이 통합된 재사용이 가능한 궤도선과 무인 회수 부스터, 쓰고 버리는 추진 연료 탱크로 구성되게 되었다. 대기권 진입 후에는 안전한 착륙을 위해 터보제트엔진을 이용해 비행하려 했으나, 제트엔진을 설치할 경우 결국 출발할 때의 우주선 무게 증가로 요구하는 만큼 화물을 싣지 못하는 경우가 생기게 되어 결국 제트엔진은 궤도선에 부착되지 못했다. 이렇게 하여 우주왕복선의 최종 형태는 세련되고 미래지향적이며 완전 재사용이 가능한 모습과는 거리가 먼 평범한 비행기 형태의 부분 재사용이 되고 말았다.

비운의 역사를 가진 우주 유영장비, MMU

2003년 2월, 출발 당시 사고로 고장이 난 날개 아래쪽의 열보호 타일을 우주공간에서 수리하지 못하고 지구로 진입하는 과정에서 컬럼비아호가 폭발했다. 이 사고를 계기로 우주공간에서 우주비행사들이 자유롭게 이동하며 수리작업을 할 수 있는 우주 유영장비의 필요성이 다시 부각되고 있다.

우주 유영을 위해 로켓 신발까지 구상

1965년 3월 18일, 구소련 보스호드 2호의 승무원 중 한 명인 알렉세이 레오노프는 우주선 밖으로 나가, 세계 최초의 우주 유영을 실시했다. 하지만 이것은 5m 길이의 생명줄에 의존

미국 최초의 우주 유영에 사용된 우주총.

한 단순한 '외출'에 불과했다. 그로부터 한 달도 되지 않아 미국이 제미니 4호에서 실시한 우주 유영은 이보다 훨씬 진보한 선외활동(EVA)이었다. 왜냐하면 제미니 4호에는 유영장비인 HHMU(Hand-Held Maneuvering Unit : 핸드 헬드용 조종장비)가 준비되었기 때문이다. 일명 우주총으로 불린 이것은 고압산소를 세 개의 노즐로 분출하여 우주비행사가 원하는 자세와 방향을 잡는 데 도움을 주도록 되어 있었다.

하지만 이것은 성능에 비해 조종이 어렵고, 워낙 소형이라 연료가 금방 바닥나고 말았다. 그래서 조종이 쉽고 충분한 양의 연료를 가진 장비의 개발 필요성이 대두되었다. 이에 NASA는 미 공군에서 우주 군인을 위해 개발중이던 AMU(Astronaut Maneuvering Unit : 우주비행사 조종장비)를 제미니 9호에서 시험하고자 했다.

AMU는 가방처럼 우주비행사의 등에 메는 형태로 생명유

지장치, 통신장비, 자동안정장치 등이 내장된 일종의 소형 우주선이었다. 하지만 이 진보한 유영장비의 성능시험은 실패하고 말았다.

황당하게도 그 이유는 우주선의 후미에 장착된 이 장비까지 접근하는 유영과정에서 우주비행사가 완전히 탈진하고 말았기 때문이다. 제미니에 이은 아폴로 계획에서는 로켓 신발을 장착한 장비가 계획되었으나 실현되지 못한 채 단지 구상에 그치고 말았다.

MMU! 버려진 위성을 구출하라!

우주 유영장비가 실제적으로 시험된 것은 1973~1974년에 실시된 스카이랩에서였다. 특히 발사중에 손상을 입어 폐기처분의 위기에까지 몰렸던 스카이랩을 우주 유영작업을 통해 완벽히 수리한 NASA는 유영장비의 필요성을 몸소 체험하게 되었다. 스카이랩의 넓은 실내는 이런 유영장비를 안전하게 시험할 수 있는 최상의 장소였다. 이에 NASA는 기존의 AMU를 발전시킨 M509 장비를 마련, 스카이랩에서 모두 열네 시간 동안 시험운전하였다. 선내에서의 기동을 위해 공기를 오염시키지 않는 과산화수소를 연료로 하고 이를 분사하는 열네 개의 노즐을 가진 M509는 매우 만족할 만한 성능을 발휘하였고, 이후 우주왕복선 유영장비의 모태가 되었다.

우주공간에서의 작업과 수리 등 본격적인 우주차량으로 계획된 우주왕복선에서 유영장비는 필수적인 것이었다. 이에 따라 세밀한 조종을 위해 M509의 두 배인 24개의 노즐을 가진 MMU(Manned Maneuvering Unit : 유인 조종장비)가 탄생하였다.

무게 150kg에 고압질소를 연료로 한 MMU는 팔걸이 부분에 조종장치가 있다. 최초의 MMU 시험비행은 우주왕복선의 열 번째 임무인 STS-41B에서 이루어졌다. 1984년 2월 2일에 발사된 이 임무에서 두 대의 MMU가 화물칸에 장착되어 운반되었다. 두 명의 우주비행사가 이틀에 걸쳐 교대로 네 시간이 넘게 시승한 MMU의 성능은 실전에 바로 투입할 수 있을 만큼 뛰어난 것이었다.

MMU의 비행 성공으로 인간이 우주공간을 방문한 이후 처음으로 끈 없이 홀로 단독비행을 할 수 있게 되었다. 이 임무에서는 MMU 테스트 외에 두 대의 통신위성을 발사하기도 했다. 그런데 그만 위성들이 추진장치 결함으로 궤도에 진입하지 못하고 우주를 떠돌게 되어 MMU를 이용한 수리를 필요로 하는 목표물이 되고 말았다.

성공적인 시승에 만족한 NASA는 1984년 4월 4일에 발사된 우주왕복선 STS-41C에서 MMU를 실전 투입하였다. 임무는 우주 미아가 된 태양 탐사위성 솔라맥스 구출작전. 하지만 첫 번째 임무는 보기 좋게 실패했다. MMU를 이용해 훌륭하게 접근하긴 했지만, 위성을 붙잡을 도구가 잘못 제작되어 그냥 돌아올 수밖에 없었다. 위성은 결국 로봇팔을 이용해 회수

고장난 위성 수리에 활용된 MMU.

되었다. 로봇팔에게 체면을 구긴 MMU의 맹활약은 다음 임무에서 이루어졌다.

1984년 11월 8일에 발사된 STS-51A에서는 지난 2월에 우주왕복선에서 발사되어 우주 미아가 된 두 대의 통신위성을 회수, 지구로 귀환시키는 임무가 부여되었다. 이틀에 걸쳐 두 명의 우주비행사가 교대로 수행한 이 임무는 MMU의 성능에 힘입어 완벽하게 진행되었다. 지구로 회수된 통신위성은 수리되었고 이 중 한 대가 1990년에 중국 로켓에 의해 우주로 보내졌다. 버려진 위성을 지구로 회수, 다시 우주로 보내겠다는 우주왕복선의 목표가 처음으로 달성된 것이다.

하지만 MMU의 활약도 약 일 년 후 챌린저호의 폭발사고로 멈추고 말았다. NASA는 폭발사고 이후 보다 안전에 초점을 둔 보수적인 우주 유영법을 채택했고, 이제 모든 선외작업은 생명줄과 난간 그리고 우주비행사의 손 힘에 의존해 진행되고 있다.

단지 위기의 순간에 우주선으로 귀환할 수 있는 간편한 선외활동 구출장비인 SAFER(Simplified Aid for Extravehicular Activity Rescue)가 MMU의 자리를 대신하고 있을 뿐이다. 자가 구출장비인 SAFER는 1994년 STS-64 임무에서부터 사용되고 있다.

지난 2003년 2월에 폭발한 컬럼비아호에 현재 활동 정지중인 MMU가 있었다면 어떠했을까? 현재와 같이 생명줄에 의존한 유영법으로는 접근할 수 없는 왕복선의 아랫부분까지 근접 이동할 수 있어 사고의 심각성을 직접 눈으로 확인할 수 있었을 것이고, 이런 최악의 우주사고를 막았을 수도 있지 않았을까? 1986년 우주왕복선 챌린저호의 사고로 비행의 날개를 접은 MMU의 필요성이 2003년 우주왕복선 컬럼비아호의 사고로 다시 주목받고 있다.

성공률 100%를 향해

2002년 말, 우주 개발 신생국 한국은 활짝 웃었지만, 세계 우주 강국 유럽우주기구(ESA)는 울어야만 했다. 2002년 11월 28일 우리나라의 항공우주연구원(KARI)이 KSR-3 로켓 발사에 성공한 반면, 12월 12일 유럽우주기구가 심혈을 기울여 새롭게 업그레이드한 아리안 5호의 발사는 실패했기 때문이다. 아리안 5호의 발사 456초 후, 로켓에 이상을 느낀 지상팀은 자폭장치를 가동시켰고, 유럽의 자존심이었던 이 슈퍼로켓은 두 대의 인공위성과 함께 산산조각이 난 채 대서양에 추락하고 말았다.

우주 개발은 정말 이렇게 어려운 것일까? 2007년 우리나라 최초의 우주 로켓 발사를 앞둔 지금, 각국의 성공과 실패에 얽

힌 이야기를 살펴보는 것은 매우 유익할 것이다.

재수, 삼수는 필수! 로켓 개발의 험난한 역사

1958년 1월 31일은 미국이 주피터 C 로켓을 이용하여 최초의 인공위성을 성공적으로 발사한 날이다. 이는 1957년 10월 4일 구소련의 스푸트니크 1호에 짓밟힌 자존심을 만회하는 쾌거이기도 했다. 그러나 모든 성공이 그렇듯이, 미국의 우주 개발은 실패로부터 시작되었다.

스푸트니크호 발사가 있은 지 두 달 후, 처음 미국이 준비한 우주 로켓은 뱅가드(Vanguard)였다. 철저한 예비 시험도 없이 무리하게 준비된 뱅가드 로켓은 역시 준비 소홀로 인해, 발사 2초 만에 1단 로켓이 발사대에 주저앉으면서 폭발하고 말았다.

미국 최초의 우주 로켓 뱅가드의 폭발 장면.

이렇게 우주 개발 초기에 실패의 쓴잔을 맛본 나라는 비단 미국만이 아니다. 일본의 경우에는 1966년부터 위성 발사를 시도했지만, 언제나 로켓이 말썽을 부려 네 번에 걸친 시도가 모두 물거품이 되고 말았다. 이 일로 당시 로켓 개발의 책임자이자 일본 우주 개발의 아버지라 할 수 있는 이도가와 박사가 연구소를 떠나야만 했다. 이런 아픔에도 불구하고 도전을 거듭한 일본은 1970년 2월 11일, 마침내 다섯 번째 시도에서 24kg짜리 인공위성을 궤도에 올려놓을 수 있었다.

영국의 경우도 이와 비슷했다. 영국은 1966년부터 우주 로켓 발사 계획을 수립하고 3회에 걸친 시험 및 실전 발사를 실시하였지만, 모두 실패하게 되자 참다못해 인공위성 발사 계획 자체를 철회해버리고 만다. 이에 우주 개발 참여자들은 남은 부품들을 모아 로켓을 만들고, 영국 정부에게 인공위성을 발사할 마지막 기회를 요청했다. 다행히 그들에게는 대영제국의 체면을 회복할 단 한 번의 기회가 주어졌다. 1971년 10월 28일, 이런 우여곡절 끝에 66kg의 인공위성 프로스페로(Prospero)를 실은 블랙 애로우(Black Arrow) 우주 로켓이 마치 그 이름과 같이 화살처럼 우주공간을 향해 날아갔다. 아마도 마지막 기회가 주어지지 않았다면 영국은 세계 여섯 번째 인공위성 발사국이 될 수 없었을 것이다.

이처럼 우주 개발은 마치 대학입시처럼 재수, 삼수가 선택이 아닌 필수이다. 실패의 가능성은 언제나 고려되어야 한다.

우주 산업의 영원한 동반자, 위험

우주 산업에서 R&D란 모험과 위험(Risk & Danger)을 뜻하는 말이다. 우주 산업에 종사하는 사람들은 항상 실패에 대비하고 있다. 예를 들어 인공위성에는 중요한 부품의 손상에 대비해 반드시 똑같은 예비 부품들이 장착되어 있다. 단순히 부품뿐 아니라 프로그램도 백업되어 있으며, 지상에는 우주공간을 비행하는 플라이트 모델과 똑같은 시험용 모델이 고장시 똑같은 시험을 통해 해결책을 찾을 수 있도록 대기하게 된다.

로켓도 마찬가지이다. 특히 로켓에는 예정된 경로를 벗어나 위험지역으로 비행할 경우를 대비한 자폭장치가 있다. 자폭장치가 작동한 대형사고의 예가 바로 1996년 6월 4일, 아리안 5호의 처녀비행이다. 아리안 5호는 유럽우주기구에서 기존의 아리안 로켓을 대체하고 보다 저렴한 가격으로 세계 위성 발사 시장을 석권하기 위해 자그마치 11년 동안 70억 달러를 들여 제작한 슈퍼급 차세대 우주 로켓이었다. 미국과 러시아에 이어 세계 세 번째로 개발한 액체수소와 액체산소를 추진제로 사용하는 저온 로켓엔진을 장착한 아리안 5호는 네 대의 과학위성을 싣고 화려한 비상을 꿈꿨다. 하지만 발사 40초 후 로켓은 궤도를 이탈하며 폭발하고 말았는데, 바로 위험을 감지한 지상팀에서 자폭명령을 내렸던 것이다.

유럽우주기구는 실패의 원인을 찾아 재기하는 데 17개월이라는 시간과 1억 달러의 비용을 쏟아부었다. 하지만 아리안 5호는 지난 2002년 12월의 사고로, 두 번이나 처녀비행 상태에서 자폭하는 진기록을 세운 불운의 우주 로켓이 되고 말았다.

미국 우주센터에서 성공 기원 고사를 지낸 한국 과학자

우주 개발과정에서 실패의 원인으로는 로켓엔진 자체의 기술적 결함 외에도 사람의 실수, 기후와 같은 예기치 못한 것들이 있다. 1986년 1월 28일, 발사 73초 만에 공중 폭발하여 우주 개발 사상 최대의 사고를 기록한 우주왕복선 챌린저 사고의 가장 큰 원인 제공자는 1월의 차가운 기온이었다.

로켓은 통상 발사장 주변에 12km/h 이상의 바람이 불거나, 발사장과 비행경로 18km 이내에 번개가 있다거나, 온도가 섭씨 0도에서 섭씨 -20도인 구름이 두께 1.4km 이상이 되면 발사가 취소된다. 즉, 성공적인 우주 개발을 위해서는 하늘도 도와야 하는 것이다. 우리나라의 KSR-3의 경우에도 뜻하지 않은 강풍으로 발사를 하루 연기해야만 했다.

이 밖에도 지난 1995년 8월 5일에 발사된 우리나라 최초의 방송통신위성 발사에서 우주사고 중 전례를 찾기 힘든 보조

1986년 우주왕복선 챌린저호 폭발사고.

로켓 분리장치 오작동이 일어나기도 했다. 이 사고로 위성을 정지궤도에 진입시키기 위해 위성 자체가 가진 추진제를 사용했으며, 그 결과 위성의 수명이 당초 10년에서 4.5년으로 단축되었다.

그래서인지 1996년 1월 14일, 예비 위성인 무궁화 2호 위성 발사에서는 관계자들이 신경을 곤두세우게 되었다. 델타 로켓의 성공 가능성은 98%, 실패 가능성은 2%였다. 당시 관계자들은 발사 전날 미국의 케이프커내버럴 우주센터에서 돼지 한 마리 잡아 바비큐를 한 뒤 발사 성공을 기원하는 고사를 지냈다. 이것은 NASA의 과학자가 보기엔 우주시대에 걸맞지 않는 기이한 행동이었겠지만, 완벽한 성공을 위해 모자라는 2%의 실패 가능성을 정성으로 메워보려는 노력이었다. 그 덕분인지 무궁화 2호는 같은 로켓, 같은 장소에서 발사되었지만 100% 성공할 수 있었다. 우주 개발도 사람이 하는 일이라 역시 진인사 대천명(盡人事 待天命 : 할 일을 다 하고 하늘의 뜻을 기다림)인가 보다.

위성, 공상에서 황금알을 낳는 산업으로

착륙선이 화성에 앉고 탐사선이 해왕성을 스쳐갔지만, 이들 '사건'보다 우리의 생활 깊숙이 침투하여 이미 '일상'이 되어 버린 우주선이 있다. 우주 분야에서 가장 상업적인 성공을 거둔 통신위성이 그 주인공이다. 그 화려한 등장은 1964년 8월 19일 세계 최초로 지구 정지궤도에 안착한 신콤 3호가 그해 10월 일본 도쿄 올림픽을 태평양과 대서양 너머에 생중계하면서였다. 이것은 바야흐로 지구촌시대의 시작을 알리는 전주곡인 셈이었다.

SF 작가의 공상에서 태어난 통신위성

위성생중계란 단어는 우주시대에 우리가 가장 많이 듣는

우주용어이다. 위성을 이용하여 지구 전체에 전파를 중계하는 것은 1945년 훗날 「2001년 스페이스 오딧세이」로 유명해진 SF 소설가이자 영국행성간협회 회장인 아더 C. 클라크의 아이디어였다. 클라크는 넓은 우주공간 중에서도 어느 특정한 곳에 주목했다. 그가 찾아낸 궤도는 바로 적도 상공 35,880km 지점.

이곳에 위치한 위성은 공전주기가 지구의 자전주기와 같은 24시간이 되어 결국 지구상의 한곳에 계속 정지해 있는 것처럼 보이게 된다. 클라크는 이 궤도를 정지궤도라 불렀다(그의 업적을 기려 클라크 궤도라고도 부른다). 그는 이곳에 위성을 120도 간격으로 세 대만 배치한다면 지구상의 어느 곳에라도 신호를 전달할 수 있게 된다고 주장했다. 단 세 대의 위성만으로 지구는 하나가 되는 것이다. 물론 극지방에 가까운 지역은 제외된다.

하지만 이것은 당시 공상에 지나지 않았다. 그 후 통신위성을 몽상이 아닌 성공 가능한 사업으로 주목한 이가 1954년 세계 최초로 전화기를 발명한 벨이 설립한 AT & T(미국전신전화회사)의 연구소에서 일하던 존 피어스이다. 피어스는 당시 비용이 많이 들던 해저 케이블로 대륙들을 연결하는 것보다 위성이 훨씬 경제적일 수 있다는 사실에 주목했다. 피어스는 더 나아가 통신위성이 수십억 달러의 가치가 있는 황금알 산업임을 예견했다.

하지만 우주 개발 초기 미국과 구소련은 경제적 관점이 아닌 정치적인 선두 경쟁에 매달려 있었다. 따라서 통신위성의 영역에서는 국가기관인 NASA보다는 AT & T와 같은 민간 통신기업이 더욱 적극적이었다. NASA의 협조를 받은 AT & T는 통신위성의 초기 실험으로, 1960년과 1964년에 거대한 풍선을 저궤도로 발사하였다.

이것은 1950년대 미 육군이 실시한 달을 이용한 전파반사 실험을 흉내낸 것으로, 그러니까 자연의 달이 인공의 달로 교체된 것이다. 전파를 거울처럼 반사만 하는 단순 기능 때문에 이 위성의 이름은 에코, 즉 메아리로 정해졌다. 우주공간에서 휘발성 물질에 의해 30-40m까지 팽창하는 이 풍선위성은 알루미늄으로 코팅되어 있어 훌륭하게 전파를 반사했다. 재미있는 사실은 이것이 전파뿐 아니라 햇빛도 잘 반사하는 바람에 '미국의 별'로 불리며 수년간 지상에서 맨눈으로 볼 수 있었다는 점이다.

세계 최초의 통신중계용 실험위성, 에코.

이후 1962년 7월 10일에 AT & T는 본격적인 실험을 위해 최초의 민간 소유 위성인 텔스타 1호를 발사했다. 텔스타 1호는 저궤도에 위치해 미국, 영국, 프랑스와 역사적인 TV 영상을 교환하는 데 성공했다. 우주를 통해 전달된 최초의 영상은 펄럭이는 성조기였다. 이것은 비록 아주 초보적인 수준의 영상이었지만, 그 자체로 국제 TV 방송혁명의 시작이었다. 1962년 12월에는 RCA(전기방송회사)의 릴레이 1호가 저궤도에 진입, 다음해에 일어난 케네디 대통령 암살 뉴스를 위성으로 생방송하기도 했다.

세계 최초의 정지궤도위성, 신콤 3호.

이런 실험들은 대부분 성공적이었으나, 빠르게 움직이는 저궤도의 위성이 가진 짧은 통신시간과 고비용의 추적장치가 가장 큰 문제로 떠올랐다. 자연히 언제나 통신이 가능한 클라크의 정지궤도가 부각되었다. 1963년 휴즈항공사의 신콤 1호가 최초로 정지궤도를 향해 발사되었으나 실패하고, 곧이어 발사된 신콤 2호의 부분적인 성공이 뒤를 이었다. 그리고 1964년 8월 마침내 신콤 3호가 태평양 상공 정지궤도에 안착하여 동경올림픽을 중계하는 등 위성의 놀라운 위력을 유감없이 보여주었다.

세계인을 하나로 묶는 통신위성의 힘

텔스타, 릴레이, 신콤을 실험하는 동안 영국, 독일, 프랑스, 이탈리아, 브라질, 일본에 위성지구국이 운영되었다. 그러자 자연스럽게 세계적인 규모의 상업위성망인 인텔샛(INTELSAT)이 1964년 8월에 설립되었다. 1965년 4월 대서양의 정지궤도에 발사된 인텔샛 1호 위성인 얼리버드를 시작으로, 1967년엔 태평양 상공, 1969년엔 인도양 상공에 인텔샛 위성이 자리잡게 되었다. 마침내 클라크의 공상이 24년 만에 현실이 된 것이다.

이 덕분에 그해 7월의 아폴로 11호 달 탐사과정이 전세계인에게 위성으로 생중계되었다. 물론 우리나라도 예외는 아니었다. 당시 달 착륙을 생중계로 보기 위해 서울 남산의 야외음악당에 마련된 대형 TV 스크린 주위에 10만 명의 인파가 모였다고 하는데, 이 모습을 담은 사진이 케네디 우주센터 내에 있는 아폴로새턴 기념관에 걸린 것을 보고 필자가 깜짝 놀란 일이 있다. 이제 지구는 통신위성에 의해 모든 대륙의 사람과 실시간으로 의사를 주고받을 수 있는 일개 '촌(村)'이 된 것이다.

미국과 달리 구소련은 통신위성에 관한 접근법이 달랐다. 가장 큰 이유는 발사장과 영토가 너무 북쪽에 치우쳐 있기 때문이었다. 지리적인 단점을 보완하기 위해 구소련은 1965년부터 몰니야 위성을 적도와의 경사각 65도, 근지점(타원궤도에서 지구 중심에 가장 가까운 지점) 548km에 원지점(타원궤도에서 지구 중심에 가장 먼 지점) 4만 km의 매우 긴 장원궤도로 발사했다. 적도상의 정지궤도에 위치한 위성과 달리 계속해서 위치가 이동하므로 여러 대의 몰니야 위성을 같은 궤도에 발사했다. 인공위성의 공전 속도가 가장 느려지는 원지점일 때는 교대로 구소련의 영토 위를 지나가게 하여 중계역할을 하게 하였다.

1975년부터는 구소련도 적도 위 정지궤도에 통신위성을 가지게 되었으며, 인텔샛에 맞서 구소련과 동유럽 국가를 연결하는 국제 통신망 인터스푸트니크(Intersputnik)를 결성한 바 있다.

현재 폭주하는 세계의 통신 요구에 맞춰 통신위성은 점점 더 대형화되는 추세이다. 최근에는 개인용 휴대전화가 급증하면서 정지궤도보다 다시 저궤도에 관심이 쏠리고 있다. 정지궤도를 이용하면 전파가 왕복하는 데 0.24초나 걸린다. 이렇게 전파 지연 시간이 긴데다가 원거리로 전파를 주고받기 위해선 개인 휴대용 통신장비의 크기를 줄이는 데도 한계가 있기 때문에, 정지궤도보다 저궤도에 관심이 모이는 것이다.

물론 저궤도 또한 단점이 있다. 저궤도를 이용해 지구 전체에 서비스를 하려면 필요한 위성의 수는 세 대가 아닌 수십 대이다. 대표적인 저궤도위성 이동통신 서비스를 보면 이리듐에 66대, 글로벌스타에는 51대의 위성이 동원되고 있다. 이런 단점에도 불구하고 하나의 휴대전화만으로 전세계 어디에서나 통화가 가능한 네트워크를 구축한다는 것은 대담한 발상임에 틀림없다. 1901년 마르코니가 대서양 횡단 무선전신에 성공한 지 백 년밖에 지나지 않은 지금, 우리는 통신과 위성기술의 발전에 힘입어 지구를 손 안에 넣고다니는 놀라운 세계에 살고 있는 셈이다.

민간 우주여행선 시대가 다가온다

2003년 10월, 중국 최초의 선저우(神舟) 5호 우주비행은 세계를 깜짝 놀라게 했다. 하지만 이런 우주비행은 40년 전 러시아의 유리 가가린이 이미 시도한 바 있는 낡은 것이다. 하지만 이렇게 오래된 유인 우주비행 기술을 재현하기 위해 중국은 23억 달러의 비용과 만여 명의 최고 인력을 총동원했다. 이는 그만큼 우주비행이 쉽지 않다는 사실을 역설하는 것으로, 이러한 자금과 인력을 가진 국가에 의해서만 유인 우주비행이 이뤄지고 있는 것이 현실이다.

라이트 형제에 의한 동력 비행이 성공하고 백 년이 지나는 동안 항공 분야는 민간 영역에서 눈부신 발전을 거듭했다. 자가용비행기에서 초음속여객기까지 모두 민간 기업이 만들고 있으며, 저렴한 비용으로 누구든지 비행의 꿈을 실현할 수 있게 되었다.

하지만 현대적인 로켓 비행이 고다드에 의해 성공한지 약 80년이 지났음에도 불구하고 우주비행 분야는 아직도 걸음마 단계에 머물러 있다. 지금까지 우주로 나간 4백36명의 우주비행사 중에서 단지 세 명만이 우주여행을 목적으로 한 민간인이었다. 일본 TBS방송국의 아키야마 도요히로 기자와 미국의 갑부 데니스 티토, 남아프리카공화국의 청년 실업가 마크 셔틀워스가 그 주인공들이다. 이들이 지불한 여행요금은 일반인으로서는 도저히 상상할 수도 없는 평균 2천만 달러(약 2백30억 원)이다. 과연 저렴한 비용으로 자유롭게 우주여행을 할 수 있는 날이 올 수 있을까.

물론 항공 분야도 처음부터 지금처럼 대중화되었던 것은 아니다. 급속한 발전의 계기는 1927년 찰스 린드버그가 프로펠러기 '세인트루이스의 정신'으로 '대서양 쉬지 않고 건너기'에 성공하면서 마련되었다. 이런 무모한 비행을 가능하게 만든 것은 2만 5천 달러의 상금이 걸린 오티그상(Orteig Prize) 때문이었다. 민간인의 모험을 북돋우는 이런 상금제도가 상업비행시대를 활짝 연 셈이다.

X-프라이즈를 타기 위한 스무 개 팀의 열띤 도전

1996년 우주여행을 꿈꾸는 일단의 공상가와 사업가들은 상금 천만 달러가 걸린 X-프라이즈(X-Prize)를 마련해 우주분야에서 '린드버그'와 '세인트루이스의 정신(린드버그가 조종한 비행기의 애칭)'을 기다리고 있다. 하지만 상금을 타기 위한 조건은 녹록하지 않다. 우주선으로 조종사를 포함해 세 명의 민간인을 1백 km 높이까지 발사한 후 무사히 돌아올 수 있어야 하는 것은 물론, 비용 절감을 위해 일반 여객기처럼 로켓을 재사용할 수 있음을 2주일 이내에 보여주어야만 한다. 즉, X-프라이즈는 세 명이 탈 수 있는 값싼 재사용 우주선을 요구하는 것이다. 현재 유일한 재사용 우주선인 우주왕복선에는 일곱 명이 탑승할 수 있지만, 비용이 엄청나다. 이런 우주선을 민간 기업에서 적절한 자금으로 단기간 내에 만들어낼 수 있을까?

X-프라이즈의 투자자들은 이 점에 주목하고 현실적인 기술력을 감안해 가장 중요한 조건을 하나 완화했다. 지구를 완전히 한 바퀴 이상 도는 '궤도비행'을 요구하지 않고 잠시 우주로 나갔다 바로 지구로 돌아오는 '준궤도비행'을 우주여행 코스로 정한 것이다. 목표 고도는 우주가 시작되는 고도 1백 km. 여기까지 올라간 우주선은 중력에 의해 지구로 다시 끌려 들어오게 된다. 따라서 우주여행객이 원하는 무중력 체험 상품의 시간은 아쉽게도 4분 이내로, 매우 짧다.

현재 X-프라이즈에 뛰어든 팀은 전세계적으로 20여 개. 친구들과 함께 자기 집 창고에서 우주선을 제작하는 개인팀에서부터 수십 명의 기술자를 거느린 기업팀까지, 모두 다 혁신적인 우주여행법을 실현하기 위한 독창적인 발사체를 연구하고

X-프라이즈에 도전하는 민간 우주선들.

있다. 이 중 캐나다의 브라이언 페네이가 이끄는 다빈치 프로젝트(da Vinci Project)의 경우 풍선을 이용한 독특한 공중 발사법을 연구하고 있다. 먼저 재사용이 가능한 세계 최대 크기의 헬륨풍선에 와일드 파이어란 이름의 우주선을 끈으로 매달고 25km까지 오른다. 이곳에서 와일드 파이어는 케로신과 액체 산소를 이용한 로켓엔진을 점화, 마하 4의 속도로 120km까지 상승하게 된다.

와일드 파이어로 경험하는 무중력 시간은 약 3분 30초이다. 최고 고도에 도달한 이후 우주선의 아래쪽에 팽창식 원뿔이 만들어져 진입 도중 생기는 고열과 착륙할 때 생기는 충격을 흡수하게 된다. 우주선이 고도 8km에 이르면 조종이 가능한 낙하산을 펼치고 GPS 항법장비를 활용해 출발지로부터 1백km 이내에 착륙하게 된다. 다빈치 프로젝트는 이미 2001년에 간단하며 신뢰성 있는 가압식 로켓엔진의 시험을 성공적으로 마친 바 있다. 브라이언 페네이가 직접 탑승할 와일드 파이어는 캐나다의 킨더스리 공항을 발사장으로 정하고 있다.

현재 가장 앞서 있는 팀은 미국의 항공기 설계사 버트 루탄이 이끄는 스케일드 컴포지츠(Scaled Composites)사이다. 루탄이 제시하는 우주여행법은 제트엔진을 사용하는 모선 비행기와 로켓엔진을 사용하는 로켓기를 결합한 공중 발사법이다. 모선이 되는 비행기의 이름은 백기사(White Knight)이고 로켓기의 이름은 스페이스십원(SpaceshipOne)이다.

훈련용 전투기의 중고 제트엔진으로 비행하는 백기사는 15㎞ 상공까지 올라간 후 아래쪽에 부착된 스페이스십원을 분리한다. 스페이스십원은 자체에 내장된 하이브리드형 로켓(액체와 고체연료를 혼합해 사용하는 로켓)을 이용해 고도 1백 ㎞까지 계속 상승한 후 독특한 모양으로 날개를 접고 하강, 글라이더처럼 날아 출발한 공항에 다시 착륙하게 된다. 스페이스십원의 우주여행 소요시간은 이륙에서 착륙까지 모두 80여 분 정도이다.

2004년 6월 12일에 스페이십원은 비정부기관에서 실시한 우주 프로그램으로는 세계 최초로 우주비행에 성공했다. 최초의 민간 우주선 조종사 마이클 멜빌이 탑승한 가운데 미국 캘리포니아 모하비 사막에 있는 공항에서 출발하여 고도 100㎞까지 도달한 후 무사히 귀환하는 데 성공했다. 세계 최초로 민간 우주선이 대기권 너머 우주공간 비행에 성공한 이날은 인류 우주 개발 역사의 기념비적인 날로 평가된다. 1인 탑승비행에 성공한 스페이십원은 X-프라이즈의 상금을 타기 위한 조건을 맞추기 위해 세 명을 태우고 다시 발사될 예정이다.

민간으로는 최초로 우주비행에 성공한 버트루탄의 우주선 스페이십원과 백기사.

그러나 누구나 쉽게 여객기를 타듯이 민간 우주선을 안전하게 탈 수 있을지는 의문스럽다. 2003년 2월 우주왕복선 컬럼비아호의 공중 폭발사고에서 보듯 우주여행은 아직까지 매우 위험하다. 그래서 중국은 양리웨이를 우주로 보내기 전에 네 번이나 예비발사를 하는 조심성을 보였다.

보다 안전한 민간 우주선 개발에 있어서 가장 큰 난제는 개발비의 확보이다. 스페이십원의 경우 약 240억 원이 소요된 것으로 알려졌다. X-프라이즈에 도전하는 대부분의 팀들이 예산 부족으로 실제 비행을 시도하기도 전에 포기하게 될 것이다. 하지만 이들 중 몇몇의 노력은 결실을 맺어 우리를 우주로 안내해줄 것이 분명하다. 물론 우주여행을 위해선 1억 원 정도의 경비는 준비해야만 할 것이다. (급속하게 진행되고 있는 민간 우주선 개발 현황은 X-프라이즈 홈페이지 www.xprize.org에서 확인할 수 있다.)

우주발사체를 우리 우주센터에서 쏜다

여기는 나로 우주센터, 우리나라 최초의 우주 로켓이 인공위성을 싣고 발사대에 서 있습니다. 드디어 마지막 내리세기가 시작되었습니다. 열, 아홉……삼, 이, 일, 발사!

한국항공우주연구원은 우주 개발의 전초기지가 될 우주센터를 전라남도 고흥군 외나로도에 건설하고 있다. 이제 2007년 이후에는 우리도 우리나라의 우주센터에서 발사되는 로켓의 발사장면을 직접 지켜볼 수 있게 되었다. 이곳에서 출발한 로켓은 10분이면 우주에 도착할 것이다. 우주와 가장 가까운 곳이 될 나로 우주센터에 대해 알아보자.

우주센터는 반드시 필요하다

1998년 8월 북한은 백두산 로켓을 이용하여 광명성 1호 인공위성을 발사, 세계를 깜짝 놀라게 했다. 백두산 로켓(또는 대포동 로켓)은 폭탄을 실어 나르는 미사일로, 3단계 액체연료 로켓이다. 북한은 대포동 미사일에 폭탄 대신 인공위성을 실어 우주로 발사한 것이다. 하지만 북한의 주장과 달리, 광명성 1호는 지구 궤도에 진입하지 못하고 추락한 것으로 보인다.

비록 실패했지만, 우리나라는 북한의 로켓 기술에 놀라지 않을 수 없었다. 이에 계획중인 우주 개발 계획을 앞당겨 2005년까지 우리의 로켓으로 인공위성을 발사할 계획을 수립하였다. 로켓을 발사하기 위해서는 전용 발사장이 요구되었다. 우주센터의 주요 역할 중 하나가 로켓의 개발과 시험 장소의 제공이다. 따라서 우주센터는 우리나라가 우주발사체를 개발하기 위해서는 꼭 필요한 기본시설인 것이다.

우주발사체 기술을 가진 나라는 예외 없이 자국 내에 발사장을 운영하고 있다. 특히, 앞으로 개발될 고정밀 해상도의 관측위성(해상도 1m 미만)은 해외에서의 발사용역이 매우 어렵다. 더구나 인공위성의 해외 발사용역에 따른 외화유출을 막기 위해서라도 국내에 우주센터를 건립할 필요가 있다. 현재까지 우리 국적의 인공위성들은 모두 다 외국의 우주센터에서 발사되었다.

우리별 1, 2호와 무궁화 3호가 프랑스의 아리안 로켓에 의해 남미의 프랑스령 가이아나에서, 무궁화 1, 2호는 미국의 맥도널 더글러스사의 델타로켓에 의해 케이프커내버럴에서, 우리별 3호는 인도의 심바 발사장에서 발사되었다. 이렇게 해외 발사장 임대나 발사를 용역할 때마다 국내 시설에 버금가는 예산을 소요해가며 상당 부분의 시설을 외국에 설치하고 위성 발사를 전후로 2개월간 200여 명의 작업자가 발사장에 상주해왔었다. 우주 기술의 노출을 꺼리는 외국의 관계자들로부터 많은 제약까지 받으며 말이다.

이제 우주센터의 건립으로 우주 개발 후발국으로서 겪던 설움을 떨쳐버릴 수 있게 됐다. 우리별 3호의 경우 발사비용이 7억 8천만 원, 아리랑 1호는 250억 원, 무궁화 3호는 1,088억 원이 소요됐다. 앞으로 우리나라가 2015년까지 쏘아올릴 다목적위성 네 기, 과학위성 다섯 기 등 저궤도위성 아홉 기의 해외 발사용역비를 계산해보면 약 1,020억 원이나 된다. 그러나 이제 우주센터 건설로 이들 비용을 모두 절약할 수 있게 된다. 나아가 우리 인공위성뿐 아니라 다른 나라의 인공위성을 우리 우주센터에서 우리의 로켓으로 발사할 수 있을 것이다.

현재 세계는 우주로 화물을 나르는 '우주택배시장'을 둘러싸고 미국과 유럽연합에 이어 후발주자인 인도, 중국, 일본 등이 공세를 펼치는 형국이다. 나로 우주센터의 건립과 함께 이들 나라들과 맞설 수 있는 경제적인 로켓이 개발된다면, 우주시장에서 코리아의 열풍이 세차게 불 것이다.

외나로도에 우주센터를 짓는 까닭은?

그럼, 우리나라에 케네디 우주센터와 같은 곳은 있을까? 우주센터 건설지역의 선정을 위해 1999년부터 전문가로 구성된 우주센터건설자문위원회가 구성되어 경상남북도, 전라남북도, 제주도의 열한 개 지역에 대한 조건을 평가하기 시작했다. 우주센터가 갖추어야 할 조건은 다음과 같다. 1) 몸체 무게의 90%가 위험한 연료로 가득 찬 로켓의 폭발 가능성으로부터 안전하기 위해 최소한 반경 1.2km에 인구 과밀지역이 없는 곳 2) 로켓의 비행경로가 외국의 영공을 통과하지 않는 지역 3) 로켓에서 분리되는 낙하물 낙하지점(1단 50km, 2단 500km, 3단 3,500km)의 안전성 확보가 가능한 지역 4) 우주로 로켓을 발사할 수 있는 방위각이 가능한 큰 지역 등이 그것이다.

그 결과 제주도 남제주군 대정읍이 가장 유리한 여건을 가진 것으로 조사되었으나, 지방자치단체와 지역주민의 강력한 반대로 후보지에서 제외되고, 전라남도 고흥군 봉래면 예내리 지역과 경상남도 남해군 상주면 양아리 지역이 최종 후보지로 추천되었다. 우주센터추진위원회는 양 지역에 대해 검토한바 안전성이나 인접국가 영공 통과 등에서 문제가 거의 없고, 부지의 확보 및 확장에 보다 유리한 전라남도 고흥군 봉래면 예내리 하반마을을 우리나라 우주센터 부지의 최적지로 선정하였다.

나로 우주센터에서 발사된 로켓은 제주도 남쪽 약 80km 지

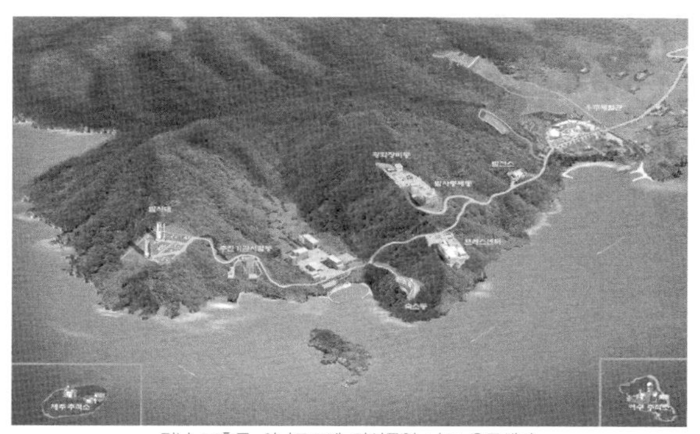
전남 고흥군 외나로도에 건설중인 나로 우주센터.

점에서 고도 100km에 도달할 것이므로 일본, 필리핀, 인도네시아 등 주변국의 영공침해(국제법상 영공의 경계는 약 100km)에 따른 외교문제는 없을 것으로 보인다. 우주 로켓 3단의 낙하지점인 외나로도부터 3,500km 떨어진 부근에 필리핀과 인도네시아가 근접해 있기는 하지만, 3단의 경우 낙하시에 대기와의 마찰로 거의 소멸될 것으로 예상된다. 외나로도에서 발사 가능한 방위각은 160도에서 175도로 15도 정도의 범위이다. 발사 방위각이 넓을수록 다양한 궤도에 인공위성을 진입시킬 수 있는데, 나로 우주센터에서는 주로 극궤도를 도는 인공위성을 발사하게 될 것이다. 우주센터 주변의 날씨도 중요하다. 너무 춥거나 더우면 안 되고, 태풍이나 강한 바람이 자주 불어도 좋지 않다. 미국의 우주왕복선도 추운 날씨와 바람, 번개 때문에 발사가 연기된 적이 많았다.

우주센터 선정 과정에서 이러한 지리적, 기술적 제약 외에 자연훼손과 환경오염을 우려한 해당지역 주민의 반대가 심하게 드러나기도 했다. 하지만 우리나라에서 현재 개발중인 우주 로켓은 연료로 액체산소와 케로신(등유)을 사용하고 있어 발사시 완전연소가 되며, 그러므로 일산화탄소에 의한 환경오염은 없을 것으로 보인다. 로켓의 소음도 우리나라가 개발중인 로켓의 경우 1km 밖에서 약 97데시벨로, 고속도로 주변 아파트의 소음 수준이 될 것으로 항공우주연구원은 예측하고 있다. 또한, 연간 1-2회 정도의 발사가 예상되고 있기 때문에 인근 바다에서 조업중인 어민들의 조업 중단 피해는 그다지 크지 않을 것이다.

2001년, 현재 자체 발사장을 보유하여 운영하고 있는 나라는 12개국이다. 이 중 미국이 최근 신설된 상업 발사장을 포함하여 10개소로 가장 많으며, 러시아(3개소), 중국(3개소),일본(2개소) 순이다. 우리나라의 경우 2007년에 우주센터가 건설되면 세계에서 열세 번째로 우주센터 보유국이 된다.

이들 선진국들의 우주센터 역시 대부분 바닷가에 있다. 무궁화위성 1호를 발사한 미국의 케네디 우주센터가 대서양을 향해 있고, 아리랑위성을 발사한 반덴버그 우주센터, 그리고 일본의 다네가시마 우주센터가 태평양을 바라보고 있다. 가장 이상적인 발사장의 위치는 바닷가를 낀 적도 부근이다. 이런 발사장에서 동쪽으로 로켓을 발사하면 지구의 자전하는 힘을 이용할 수 있어 같은 추진력이라도 더 많은 화물을 우주로 운반할 수 있기 때문이다.

그러나 우주 개발을 하는 대부분의 나라는 적도 부근에 자국의 영토를 가지고 있지 않다. 단지 유럽우주기구를 주도하고 있는 프랑스만이 남미 적도 부근의 가이아나에 식민지 영토를 가지고 있어, 이곳에 우주센터를 건립했다. 발사장이 육지 한가운데에 있는 나라도 있다. 러시아와 중국이 대표적인 예이다. 이들 나라는 군사적인 비밀을 위해 내륙 깊숙한 곳에 우주센터를 건설한 것이다. 이러한 영토적인 한계를 극복하기 위해 배에다 로켓 발사장치를 싣고 옮겨다니며 원하는 지역에서 발사 서비스를 제공하는 민간 회사도 있다.

로켓은 매우 위험한 장비이다. 높은 추진력을 내기 위해 매우 민감한 연료를 사용하고 있기 때문이다. 그런데 이런 민감한 연료가 로켓 전체 중량의 90% 정도를 차지하고 있다. 로켓은 한마디로 '나는 연료 탱크'라 해도 과언이 아니다. 따라서 우주센터 내에서는 안전이 최우선적으로 고려되고 있다. 하지만 언제나 사고는 있기 마련.

우주 개발 초기에 많은 사고가 우주센터에서 일어났다. 사상 최악의 사고는 유리 가가린이 인류 최초로 우주비행에 성공하기 6개월 전인 1960년 10월 24일 바이코누르 우주센터에서 발생한 로켓 폭발사고이다. 발사대에서 로켓이 폭발, 화염에 쌓인 동체가 무너져내린 것이다. 이 사고는 신형 군사 로켓 L16의 발사 30분 전에 발생했는데, 최소한 91명이 사망한 것으로 알려졌다. 이외에 1980년 3월에는 모스크바 북방 플레세크 우주센터에서 일어난 로켓 폭발사고로 50명이 사망하기도 했다.

최근에는 중국의 시창(西昌) 우주센터에서도 치명적인 사고들이 있었다. 1994년 4월 2일, 중국의 기상위성 풍운 2호 발사를 앞두고 시창 우주센터의 조립측량공장에서 최종 점검을 하던 중 위성과 로켓이 폭발하는 사고가 있었다. 우주 개발 사상 보기 힘든 위성의 지상 폭발사고로 공장이 대파됐으며 점검기술자 한 명이 사망하고 서른한 명이 부상했다. 또, 1996년 2월 15에는 국제상업통신위성기구(인텔샛)의 통신위성을 적재한 중국의 창청 3B 로켓이 시창 우주센터에서 발사됐으나, 발사 5초 만에 45도 각도로 기운 뒤 약 20초간 수평비행을 하다가 폭발했다. 폭발한 로켓은 순식간에 불길에 휩싸이면서 기지 인근의 주택가를 덮쳤다. 이 사고로 현지주민 네 명이 폭발한 로켓 파편과 유독가스로 죽고 백여 명이 다쳤다. 이때의 폭발은 마치 지진 같았고 폭발음이 40km 떨어진 곳에서도 들릴 만큼 위력적이었다고 한다. 그러나 현재 우리나라에서 개발중인 우주센터는 위치 조건이 좋고, 비교적 단순하고 안전한 로켓시스템을 사용하기 때문에 이런 사고를 미리 우려할 필요는 없을 것으로 보인다.

우주를 향한 꿈, 나로 우주센터

현재 한국항공우주연구원은 나로 우주센터가 완공되는 2007년 하반기에 최초로 발사할 우주발사체를 개발하고 있다.

3단형의 이 우주발사체는 100kg급 과학 2호 위성을 700km의 지구 저궤도에 올려놓게 된다. 이에 따라 현재까지 개발하던 고체연료 로켓보다 더욱 효율이 뛰어난 액체연료 로켓을 개발하고 있다.

우리나라 최초의 액체 로켓, KSR-3의 발사 성공.

2002년 11월 28일에는 길이 14m, 몸통 지름 1m, 무게 6톤의, 설계에서부터 부품에 이르기까지 100% 우리 손으로 개발한 우리나라 최초의 액체 로켓 KSR-3의 성공적 발사가 있었다. KSR-3는 2백31초간 비행하며 최고 높이 지상 42.7km, 최고 속도 초당 902km에 이르렀다. 이 발사는 장차 우주 로켓을 개발하기 위한 기술력 확보를 위한 시도였다. 향후 모자라는 기술력은 러시아의 도움을 받을 예정이며, 모든 것이 순조롭다면 2007년, 우리는 진정한 '우리별'을 가질 수 있을 것이다.

우리의 이웃인 일본과 중국이 이미 1970년부터 우주 개발을 시작하여 우주왕복선과 유인 우주선을 개발하는 단계까지 온 지금, 우리는 이제 막 첫 걸음마를 시작하려 하고 있다. 그

래도 우리의 꿈은 원대하다. 2015년까지 20기의 인공위성을 개발하여 나로 우주센터에서 발사할 예정이다. 머지않은 미래에 매년 두 개 정도의 로켓이 우주를 향한 꿈을 싣고 나로 우주센터 상공에서 더 넓은 우주공간으로 비상할 것이다.

우주시대, 이제는 아시아다

로켓의 역사는 원래 아시아로부터 시작되었다. 보다 정확히 말하자면 중국이 로켓의 발명국이다. 11세기 중국에서 화전(火箭, 불화살)에 불과하였던 로켓 기술은 아시아에서 유럽으로 전파되었고, 독일과 미국, 러시아를 거치면서 우주 로켓으로 꽃을 피웠다. 그리고 20세기 초 다시금 아시아로 역류하여 아시아의 로켓 기술을 성장시켰다.

아시아의 로켓 기술은 분명 미국과 러시아의 영향력 하에 성장해온 것이 사실이지만, 최근 이들 우주강대국을 위협할 정도로 급성장하고 있다. 아시아의 스페이스 클럽(자국의 로켓으로 인공위성을 발사한 나라들을 일컬음)인 일본, 중국, 인도와 준회원쯤 되는 북한, 그리고 아직은 비회원인 한국의 로켓 개발 현황을 통해 아시아 우주 개발의 현주소를 살펴보자.

아시아 로켓 개발의 선두주자, 일본

아시아에서 가장 먼저 로켓 개발을 시작한 나라는 일본이다. 일본의 로켓 개발은 크게 두 가지로 나뉜다. 우주과학연구소(ISAS)가 중심이 된 고체추진제 로켓과 우주개발사업단(NASDA)이 중심이 된 액체추진제 로켓이 그것이다. 이렇게 특성이 다른 두 개의 로켓을 각기 다른 우주기구에서 우주발사체용으로 발전시키고 있는 나라는 일본이 유일하다.

일본의 로켓은 개발하기 쉬운 고체 로켓으로부터 시작되었고, 목적은 과학탐사용이었다. 1955년, 길이 23cm의 펜슬 로켓으로 시작하여 개발한 지 10년 만에 1,000㎞까지 100kg의 화물을 운반할 수 있는 사운딩 로켓(과학관측용 로켓) L(람다)-3형 개발에 성공했다. 그리고 이 대형 사운딩 로켓을 잘 조합하여 소형 인공위성을 지구 궤도에 진입시키는 테스트용 우주발사체 L-4S를 개발하게 된다. L-4S는 우주로 가는 최소한의 조건을 갖춘 로켓으로, 세계에서 가장 값싼 우주 로켓이었다. 일본은 이 로켓을 이용해 1970년 2월 인공위성 발사에 성공, 세계에서 네 번째, 그리고 아시아에서는 최초로 스페이스 클럽 국가가 된다.

하지만 L(람다)은 진정한 우주 로켓은 아니었다. 일본에서 우주발사체용으로 설계된 최초의 고체 로켓은 M(뮤우) 시리즈 로켓들인데, 1963년부터 개발을 시작하여 1971년에 처음으로 인공위성을 궤도에 올려놓는 데 성공했다. 이후 로켓 성능과 유도능력을 향상시킨 M-4S, M-3C, M-3H, M-3S 등 다양한 변형을 개발하였고, 1981년에는 소형의 탐사선을 지구 중력 밖으로 보낼 수 있는 M-3SⅡ 개발에 성공했다. 행성간 탐사선을 발사할 수 있는 발판을 마련한 것이다.

1997년부터는 현존하는 세계 최대의 단일 고체추진제 우주발사체인 M(뮤우) 로켓의 결정판 M-V를 개발하고, 1998년에는 일본 최초의 화성 탐사선을 발사하는 업적을 이루었다. 하지만 일찍이 고체연료 로켓의 한계를 알고 있던 일본은 과학위성보다 무거운 실용위성을 정지궤도에 발사하기 위해서는 고성능의 대형 액체추진제 로켓이 필요함을 깨닫는다.

이에 개발시간을 줄이며 로켓 기술을 획득하기 위해 최초로 미국의 로켓 기술을 사들여 N 시리즈의 로켓을 탄생시켰다. 선진 기술을 습득한 일본은 점차 독자 기술을 발전시켜나갔고, 10여 년 만인 1994년 국산화율 100%의 H-2 로켓을 완성시켰다. H-2는 액체수소와 액체

일본이 독자적으로 개발한 H-2A 로켓.

산소를 주엔진의 추진제로 사용하는 세계에서 몇 안 되는 로켓 중 하나이다.

이로써 일본은 기술을 이전해준 미국의 족쇄에서 벗어나 자국의 위성뿐 아니라 타국의 위성을 발사할 수 있는 조건을 마련하였다. 현재 일본은 H-2를 상업위성 발사시장에 진출시키기 위해 높은 발사 성공률과 저가의 발사비용을 목표로 H-2A개발을 지속하고 있다. 또한 미국의 항공우주국(NASA)과 같이 분산된 우주기구를 일본우주항공연구개발기구(JAXA)로 통합해 시너지 효과를 기대하고 있다.

우주 강국의 웅대한 꿈, 중국

아시아에서 일본에 이어 스페이스 클럽에 두 번째로 입성한 나라는 중국이다. 그러나 중국의 로켓 개발은 우주 개발용이 아닌 원폭 운반용으로 시작되었고 액체연료 로켓만을 집중 개발해 일본과는 차이가 있다.

중국은 러시아의 도움을 받아 완성한 중거리 탄도 미사일(IRBM) CSS-2를 개량해 우주발사체인 CZ(창정)-1을 개발, 1970년 4월에 위성을 발사했다. 시기상으로 일본보다 두 달 늦게 진행된 것이다.

이후 대륙간 탄도미사일(ICBM)인 FB-1을 개량한 CZ-2C를 개발하여 1975년에 선저우 5호 업적의 기틀이 되는 회수용 위성 발사에 성공하게 된다.

이를 바탕으로 중국은 1970년 중반부터 정지궤도 발사용 로켓 개발을 시작했다. 그래서 나온 것이 CZ-3이다. CZ-3는 CZ-2C에 고성능 3단 로켓을 부가한 것이다. 또한 중국의 CZ-3는 미국과 러시아에 이어 세계에서 세 번째로, 액체수소와 액체산소로 재점화가 가능한 첨단의 액체엔진을 사용한다. 중국은 이 첨단 엔진을 라이벌인 일본보다도 2년 앞서 실용화했다. 1984년 4월 CZ-3를 통해 정지실험통신위성인 동방홍 2호 발사에 성공하자 1985년부터 중국은 상업용 위성 발사시장에 도전장을 내민다. 현재 중국은 자국의 다른 상품과 마찬가지로 저렴한 가격경쟁력으로 로켓 개발시장에서 혁혁한 성과를 거두고 있다.

1990년에는 CZ-2에 네 개의 액체추진제 로켓을 보조로 붙인 CZ-2E를 개발했는데, 성능이 러시아의 프로톤이나 미국의 타이탄, 유럽의 아리안 로켓에 필적할 만한 것이었다. 바로 이 로켓이 선저우 5호 발사의 원동력이 되는 CZ-2F의 모체가 된다. CZ-2F는 CZ-2E에 신뢰성이 높은 시스템을 채용하고, 유인 우주선을 저장하도록 상단 부분을 개량해 비상탈

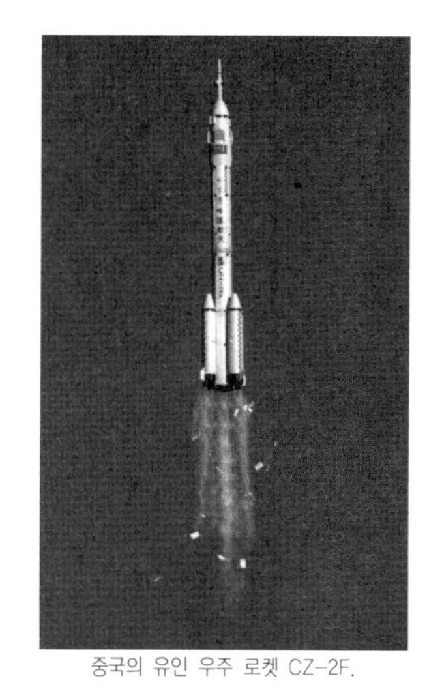
중국의 유인 우주 로켓 CZ-2F.

출용 로켓을 부가한 형태이다.

CZ-2F는 유인 우주선 발사용답게 100%의 발사 성공률을 보이고 있다. 2004년 현재 중국은 유럽의 아리안 5호에 버금가는 차세대 발사체인 CZ-NGLV(New Generation Launch Vehicle)를 설계하고 있다. 액체수소와 액체산소를 사용하는 주엔진, 케로신과 액체산소를 사용하는 보조 로켓으로 구성되는 이 발사체는 2008년 베이징 올림픽 이전 발사를 목표로 개발되고 있다. 이 로켓이 완성되면 중국은 본격적인 달 탐사를 진행할 예정이다.

아시아 우주 개발 선진국, 인도

아시아에서 가장 마지막으로 스페이스 클럽에 이름을 올린 나라는 인도이다. 인도의 로켓 개발과정은 일본과 유사하다. 먼저 프랑스의 도움을 받아 개발하기 쉬운 고체연료를 사용하는 조그마한 사운딩 로켓을 제작했다. 인도 최초의 사운딩 로켓은 1967년에 발사되었다. 인도는 이 기술을 바탕으로 1973년부터 본격적인 우주발사체 개발을 진행하였다.

그리고 300명의 인력이 7년간 노력한 끝에 40kg의 위성을 지구 저궤도에 진입시킬 수 있는 SLV(Satellite Launch Vehicle)-3호를 개발하였다. 4단계의 고체연료 로켓인 SLV-3는 성능이나 제원에서 1960년대 중반에 미국이 개발한 스카우트(Scout) 로켓과 흡사했다. 하지만 SLV-3는 스카우트가 아니며 10여

년간 쌓은 사운딩 로켓 기술을 바탕으로 국산화 85%에 성공한 인도의 자부심이었다.

비록 1979년 최초의 발사에서 실패했지만 1980년 7월 SLV-3-E-02에서 로히니 위성을 지구 저궤도에 발사하는데 성공하여 인도는 세계에서 일곱 번째로 스페이스 클럽에 입성하였다. 이후 SLV-3를 바탕으로 발전된 5단계의 ASLV를 개발하였는데, 이 로켓은 150kg의 위성을 원형궤도로 발사할 수 있다.

이후 인도 역시 고체연료 로켓의 한계를 극복하기 위해 액체엔진 개발을 시작했고, 1993년에 액체엔진을 4단에 사용하는 3세대 로켓이 탄생했다. 지구의 남북을 회전하는 극궤도에 3,700kg의 위성을 발사할 수 있는 PSLV이 그것이다. 현재 발사 성공률 86%를 자랑하는 이 발사체는 1999년 5월 26일에 우리별 3호를 발사한 바 있다.

위성 발사의 최고봉은 역시 3,600km의 정지궤도에 위성을 안착시키는 것이다. 일본이 이를 위해 미국의 기술을 빌린 반면 인도는 러시아의 기술을 빌렸다. 정지궤도용 우주발사체란 뜻의 GSLV(Geosynchronous Satellite Launch Vehicle)는 인도에서 제작한 1단의 고체연료에 PSLV에서 4단으로 쓰인 액체엔진을 보조 부스터와 2단으로 사용하고, 러시아로부터 전수받은 고성능의 극저온 액체추진제인 액체수소와 액체산소를 3단으로 사용하는, 인도의 로켓 기술을 집결한 로켓이다. 2003년 5월 8일 시험용 위성을 근지점 180km, 원지점 36,000km에 성공적으로 위치시킴으로써 인도는 우주 개발의 신기원을 이룩했다.

한반도여, 우주로 눈을 돌려라!

가장 최근 스페이스 클럽에 진출을 시도하다 좌절된 나라로 북한이 있다. 북한은 러시아의 마케예프 설계국 등의 기술진으로부터 도움을 받았으며, 단거리 지대지 액체추진제 미사일 스커드를 바탕으로 화성 미사일과 노동 미사일을 1980-90년대에 개발했다.

북한은 한 걸음 더 나아가 대륙간 탄도 미사일(ICBM)급인 우주발사체 백두산(서방에서는 발견 장소의 이름을 따 대포동 1호로 알려져 있다)을 개발, 1998년 8월에 위성 발사를 시도하였다. 백두산 로켓은 1단에 IRBM인 노동 1호의 추진기관을, 2단에 화성 6호(Scud-C) 미사일을, 3단에 조그마한 고체연료 로켓을 사용한 경량급 우주발사체이다.

비록 위성의 최종 궤도진입에는 실패했지만 백두산 로켓의 발사는 가난하고 조그마한 나라에서도 ICBM과 우주발사체를 개발하는 것이 가능함을 시사하는 일대 사건이었다. 또한 북한의 로켓 기술은 우리에게 큰 자극이 되었다.

이 덕분에(?) 원래 잡혀 있던 우주발사체의 처녀비행 일정은 5년이나 단축되었고 예산도 늘어났다. 고체추진제를 사용하는 사운딩 로켓을 통해 상당한 기술을 축적해온 우리나라는 미국이란 걸림돌 때문에 일본이나 인도처럼 이 기술을 곧장 우주발사체에 연결시킬 수 없었다. 대신 액체 로켓을 개발해야 했고 액체 로켓의 불모지에서 첫 번째 작품인 KSR-3가 성공적으로 발사된 바 있다.

하지만 우리나라의 현재 로켓 기술로는 북한의 백두산 로켓 때문에 다시 설정한 '2005년(2007년으로 다시 연기된 상태이다)을 우주 원년으로 한다'는 데드라인을 맞추기란 어려우며, 일본이나 인도처럼 우주 선진국(러시아)의 도움을 받아 기술과 시간의 갭을 극복하고자 모색하고 있다.

2007년에 나로 우주센터로부터 우주발사체가 발사된다면 우리는 아시아에서 네 번째로 스페이스 클럽에 입성하게 된다. 이를 달성하기 위해 한국의 NASA인 한국항공우주연구원의 연구실 불빛은 꺼지지 않고 있다.

중국의 성공에서 보듯 비록 아시아가 우주 개발에 있어 후발주자이긴 하지만, 냉전시대 이후 우주 개발의 동력을 찾지 못하며 시들해진 미국, 러시아 그리고 유럽에 비해 아시아의 우주 개발 의지는 매우 높다 하겠다.

우리도 아시아의 주요한 나라로서 강 건너 불구경하듯 하지 말고 우주로 가자! 지구 궤도뿐 아니라 달과 화성 그리고 그 너머의 먼 우주로 말이다.

우주 개발의 숨은 이야기

초판발행 2004년 8월 25일 | 2쇄발행 2009년 6월 10일
지은이 정홍철
펴낸이 심만수 | 펴낸곳 (주)살림출판사
출판등록 1989년 11월 1일 제9-210호

주소 413-756 경기도 파주시 교하읍 문발리 파주출판도시 522-2
전화번호 영업 · (031)955-1350 기획편집 · (031)955-1357
팩스 (031)955-1355
이메일 book@sallimbooks.com
홈페이지 http://www.sallimbooks.com

ISBN 89-522-0282-1 04080
89-522-0096-9 04080 (세트)

값 3,300원